Voyage à Charleroi

Marcel Leroy & Paul Magnette
Axel Delepinne

lucpire éditions

lucpire éditions

Éditions Luc Pire [Renaissance SA]
Avenue du Château Jaco, 1 – 1410 Waterloo
Éditions Luc Pire
www.editionslucpire.be

Voyage à Charleroi
Mise en pages : Philippe Dieu (Extra Bold)
Imprimerie : V.D. (Temse)

ISBN : 9782875421593
DÉPÔT LÉGAL : D/2018/12.379/03

« Charleroi, que nous dis-tu du monde ? »

Table des matières

Avant-propos

Heureux qui, comme Ulysse, a fait un beau voyage. Nous avons fait, Marcel, Axel et moi, un beau voyage à Charleroi, empruntant plus souvent les chemins de traverse que les grands axes.

L'idée venait de Marcel, reporter au long cours, inlassable voyageur, qui, après avoir parcouru tous les continents, interrogé des milliers d'hommes et de femmes, célèbres ou anonymes, nous proposa un voyage intérieur dans la ville qui nous a vus grandir et où nous vivons. Un parcours plus improvisé qu'organisé, deux cents kilomètres sans jamais quitter les cent kilomètres carrés de Charleroi, dans ces paysages où se succèdent les villages et les centres urbains, les champs et les ruines industrielles, la Sambre, l'Eau d'Heure et le canal. À la rencontre de quelques-uns des 200 000 Carolos, venus des quatre coins du monde, qui forment ce peuple libre, rebelle, chaleureux, turbulent, ce peuple dont nous sommes.

Nous avons choisi d'effectuer ce voyage à vélo. Rien n'isole plus que la voiture, cette cage d'acier d'une tonne où l'on se trouve enfermés, coupés des hommes, ignorants des paysages. Le vélo est le moyen de déplacement le plus humain que l'homme ait inventé depuis que le cheval est banni des espaces urbains. Il favorise les parcours indéfinis et les rencontres inattendues. Il permet de passer à travers champs, d'emprunter les antiques sentiers, les chemins des terrils que les promeneurs ont lentement tracés et les voies de halage le long de l'eau. Il permet de s'arrêter aussi souvent que l'envie nous en prend, pour contempler un point de vue ou entamer une conversation. Il fait sentir le vent, la pluie et le soleil, le parfum des fleurs et l'odeur de la terre mouillée. Comme Robert Louis Stevenson, l'auteur de *L'île au trésor*, parcourant les Cévennes à pied ou à dos d'âne, nous avons traversé Charleroi au rythme lent de la promenade.

Notre voyage nous a conduits en mille endroits insoupçonnés, il a suscité des dizaines de rencontres, brèves mais intenses. Nous avons redécouvert une ville que nous pensions connaître jusque dans ses moindres recoins. Charleroi a ce que Serge Gainsbourg appelait la « beauté cachée des laids ». Ceux qui ne la connaissent pas jettent souvent sur la cité sambrienne un regard dédaigneux, voire méprisant. Les Carolos l'ont compris depuis longtemps : ce qui les touche dans ce pays qui les a vus grandir ne se dévoile pas au premier regard. Il faut s'y immerger pour le comprendre et apprendre à l'aimer. Quand Jacques Bertrand écrivait, il y a plus de cent cinquante ans, « Pays de Charleroi, c'est toi que je préfère. Le plus beau coin de terre, à mes yeux, oui c'est toi », il n'y avait aucune ironie dans son propos. Il défiait les regards, rappelait que, comme le dit Albert Camus : « On est du pays de son enfance. »

Un siècle plus tard, avec le même humour tendre et bravache, Bob Dechamps déclamait « *Châlèrwè qué sale payis* » : « Pourquoi ne s'en va-t-on pas vivre où il fait bon, et envoyer bouler le pays de Charleroi ? Tout simplement, parce qu'on trouve chez lui, du moins nous, ses enfants, tout ce qui nous fait plaisir. [...] Un étranger ne peut comprendre tout ce qu'il est pour nous, ce petit bout du monde qui nous a montré le jour.

Notre Wallonie, pour nous, c'est la plus grande des merveilles, et nous pouvons bien chercher, nous ne trouverons rien de pareil. [...] Faut l'avoir quitté, être parti bien loin, pour savoir comme on tient à son vieux Pays wallon. »

Ils ont pourtant tiré une drôle de tête ces milliers de migrants qui, un jour, ont débarqué à Charleroi pour y trouver du travail. Quittant le soleil d'Italie, du Maroc, de Turquie et d'ailleurs, ils trouvèrent une ville embrumée par les fumées des usines, de sombres terrils et de longs corons étirés au pied des charbonnages. Mais ils sont restés, ils se sont mariés, ont élevé leurs enfants, acheté une maison, dans ce *sale payis*. Ils ont fait de Charleroi une ville-monde, un peuple bigarré de 138 nationalités, où résonnent les souvenirs de leurs terres lointaines. Une ville où se mélangent toutes les cuisines, toutes les danses et tous les chants du monde. Une ville composite, où le centre urbain côtoie les dernières usines, où les Italiens, les Grecs, les Espagnols, les Marocains, les Turcs, les Congolais et beaucoup d'autres ont chacun leur quartier, ouvert au monde. Une ville où, sur le marché dominical et dans les fêtes incessantes, se brassent toutes les origines.

Le Pays noir l'est de moins en moins. La nature a repris ses droits, comme dans les tableaux d'Edward Hopper peints après la Grande Dépression. Les terrils sont devenus des petits Kilimandjaro boisés ou de longues steppes d'herbes folles. Les anciens charbonnages ont laissé place à de nouveaux quartiers, les voies de chemin de fer désaffectées sont devenues des rivières sèches, traversant les villages, où déambulent piétons et cyclistes. Au détour d'un chemin, on croise les prés et les champs des dernières fermes, on s'arrête un instant auprès des chevaux, vaches, moutons, chèvres, ânes, poules et lapins que certains Carolos continuent d'élever.

Au fil de ce voyage, nous sommes surtout allés à la rencontre des femmes et des hommes qui font vivre Charleroi au quotidien. Les sages-femmes, infirmiers et médecins qui les voient naître. Les puéricultrices et instituteurs qui éveillent leur intelligence. Les formateurs et éducateurs qui cultivent leurs talents. Les agents publics qui entretiennent les rues, les parcs et les jardins. Les employés qui les soutiennent dans les actes de la vie quotidienne, des mariages aux enterrements. Les travailleurs sociaux qui accompagnent ceux qui sont en difficulté... Autant de héros du quotidien, sans lesquels la ville ne serait pas ce qu'elle est.

Mais l'autorité publique n'est pas tout. Si la société tient, malgré les crises à répétition, malgré les petits et grands drames de l'existence, c'est d'abord par l'action des citoyens eux-mêmes. Nous avons croisé des centaines de bénévoles, engagés par idéal dans le sport et la culture, ou entretenant les jardins partagés où l'on cultive autant les liens humains que la nature. Nous avons écouté les défenseurs du folklore, les animateurs de chorales et de fanfares évoquer leur passion, bavardé avec des jeunes occupant de leurs jeux l'espace public et avec des anciens réunis autour d'une partie de boules. Nous avons été émerveillés par l'enthousiasme des citoyens qui défendent le patrimoine industriel ou naturel, et par ceux qui donnent de leur temps libre pour aider les plus démunis et animer les quartiers où, malgré la promiscuité, menace la solitude.

Une ville, c'est comme la mer : le calme des apparences cache une intense vie intérieure. Il faut oser pousser les portes pour découvrir ce que les Carolos sont vraiment. Comme me le disait un jour avec malice un vieux voisin : « Les Carolos, ils vivent sur leur derrière. » À l'abri des regards, en retrait de l'espace public, dans des lieux, privés ou partagés, où ils peuvent donner libre cours à leurs désirs sans craindre le jugement. Derrière les façades anonymes, nous avons découvert des entreprises high-tech, des lieux de fête, des écoles de devoirs, des ateliers collectifs où les hommes et les femmes que la vie n'a pas épargnés retrouvent le goût des choses. Un formidable kaléidoscope humain, aussi vibrant que discret.

C'est le souvenir de ces rencontres que nous avons voulu évoquer, en textes et en images, dans ce carnet de voyage. Nous avons voyagé une dizaine de jours, nous aurions pu continuer des semaines entières. Puisse la trace que nous en avons laissée vous donner l'envie d'entamer votre propre périple. En n'oubliant pas que, comme le disait Robert Louis Stevenson, « on ne voyage pas pour atteindre un endroit précis, mais pour le simple plaisir de voyager ».

PAUL MAGNETTE

Namu
Sambı
Bruxelles
Mons
Tournai
Canal Charleroi -
Bruxelles

Jour 1	Marchienne-au-Pont
	Monceau-sur-Sambre
	La Docherie
	Dampremy

Jeudi 7 septembre

Neuf heures du matin. Soleil.

Par vagues, les voyageurs qui émergent de la gare de Charleroi-Sud se dirigent vers les bus et les trams ou traversent l'esplanade et le pont Roi Baudouin pour se répandre dans la ville. Un cycliste pousse sa bécane. Sous le casque gris, personne ne reconnaît le bourgmestre. Paul balaie du regard le panorama urbain, marqué désormais par le complexe Rive gauche et le Quai 10. Ces lieux signent le remodelage de la Ville basse, avant la Ville haute. Face au paysage, le cycliste revoit ses dossiers. Il dit à Axel, qui prépare son appareil photo pour ce voyage qui commence : « Là, de l'autre côté de la Sambre, ce sera la halte nautique… » Magnette lance son vélo dans le lacis des rues et les replis des décors pour écouter les citoyens de la ville en métamorphose. Aussi partons-nous en quête d'éléments de réponse à la question : « Charleroi, que nous dis-tu du monde ? »

Loin de cette histoire qui commence, perché sur le pont, le *Forgeron au repos* de Constantin Meunier médite face au ring aérien surchargé de bagnoles. Côté ville, son alter ego, le *Mineur accroupi*, observe le défilé des passants. Ces statues viennent du monde d'hier, quand Charleroi détenait l'or noir de son époque, le charbon. Quand le boulot poussait dru dans les champs d'usines. Face au *Forgeron*, on se demande s'il pense à ce qu'il adviendra de cette ville si longtemps tirée par l'industrie lourde et qui s'ingénie à retrouver un équilibre. Se précise le temps où des engins automatisés détruiront des millions d'emplois, tout en en recréant d'autres, hyperqualifiés. Quelle place pour ceux et celles qui n'auront pas eu la chance d'étudier ? Charleroi est une cité en lutte. Rester dans la course économique implique une sacrée capacité d'invention. Ce serait une des raisons de ce voyage : identifier la créativité. Sous toutes ses formes.

Les bicyclettes glissent sous le pont du ring qui reprend des couleurs, abordent le halage où passe le RAVeL qui fait le tour du Grand Charleroi. Il incise le tissu rouillé des usines sidérurgiques, inscrit sa trajectoire entre les fabriques déglinguées d'un capharnaüm hyperréaliste, mélange de poutrelles, toitures ondulées, conduites quasi du calibre d'une carlingue d'avion, le tout en cours de remodelage pour récupérer de l'espace. De part et d'autre de la rivière, deux temples de la sidérurgie tiennent bon. Industeel produit des tôles de haute qualité et l'aciérie électrique de Thy-Marcinelle rougeoie dans la nuit.

Entre les falaises des halls désertés, les grues font tomber murs et toitures, et fauchent les souvenirs des milliers de travailleurs du secteur. La hausse du prix des produits ferreux précipite la cadence et le territoire qui s'étend de Charleroi-Centre à Marchienne-au-Pont s'éclaircit comme le ciel belge après la drache. De la ferraille et du béton, il en reste en pagaille. De ces lieux, les urbanistes et les sidérurgistes ont voulu préserver des signes majeurs. Trois hautes cheminées, un château d'eau, des refroidisseurs de centrale électrique, une ligne d'horizon qui est la signature de la ville. Un grand décor qui fascine les urbanistes, les sociologues, les architectes, les artistes, les voyageurs d'ici et d'ailleurs.

5 000 signatures pour le HF4.

Sur la rive de la Sambre opposée à celle où serpente le RAVeL, deux péniches de 1 350 tonnes, la Nema et la Willani, enfournent des copeaux métalliques dans la gueule de Thy-Marcinelle qui régurgite du fil à béton. Chemin faisant, on imagine la statue de Lucky Luke et Jolly Jumper – 3 m 50 de haut pour 500 kg de polyester – se faire la malle et quitter le parc Reine Astrid pour aller se poster en vigie à l'entrée de la ville. Au-delà du Viaduc, le héros de Morris chevaucherait en direction de la Porte Ouest, à contre-jour sur le crépuscule, avec « *poor lonesome cowboy* » en surimpression. Serait-ce un hasard si les personnages de *Spirou* sont nés chez Dupuis, à Marcinelle ? Du Marsupilami à Fantasio, les statues échappées des planches de BD disent, avec un zeste d'autodérision, l'imaginaire de Charleroi, far west mâtiné de *Blade Runner* pour explorateurs urbains.

Le Dageraad qui fait route vers Namur et la Meuse franchit la jonction de la Sambre au canal Charleroi-Bruxelles. Sur le pont du bateau de plaisance, une femme salue les cyclistes. On se croirait dans un roman de Simenon qui navigua par les canaux de France, de Belgique et de Hollande.

Sur la gauche, au long des murs d'usines et halls désertés, des graffitis monumentaux enluminent le chemin. Des amateurs viennent de loin pour déchiffrer ces écritures. Une œuvre qui remonte aux étés durant lesquels le projet du programme d'aménagement de la Porte Ouest nommé « Urban Dream » a mobilisé des jeunes, juste après l'an 2000. Des artistes de rue arrivèrent de partout.

Côté Marcinelle, la structure du HF4, le haut fourneau emblématique de Carsid, dernier à s'éteindre dans la vallée, s'inscrit fugitivement dans le travelling. Cinq mille citoyens ont signé une pétition, marché aux flambeaux, soutenu le comité de sauvegarde qui ne lâche pas prise. « On fait tout pour le sauver », dit Paul. Préserver ce qui dessine le visage de la ville née de l'industrie n'est pas une vision postromantique. De vastes champs libres se dégagent, grâce à cette incroyable diversité du territoire, avec ces terrains vagues cachés qui pourraient se muer en parcs ou abriter des logements ou des entreprises, ces arrière-cours, ces passages vers les jardins, ces zones cachées en attente de projets, d'idées. À l'entrée de Marchienne-au-Pont, à l'instinct dans le labyrinthe des rues

Sur le pont du bateau de plaisance, une femme salue les cyclistes.
On se croirait dans un roman de Simenon qui navigua par les canaux de France, de Belgique et de Hollande.

LUG

et ruelles, nous nous faufilons sous un pont, remontons la rue Latérale, sous la ligne de chemin de fer, et pilons net devant une maison haute et carrée, aux murs crépis, légèrement en retrait. Modeste. Emmêlé dans les lignes de fuite du temps, Paul dit que ses parents atterrirent à Charleroi, après leurs études à Louvain, dans l'après-68, avec leurs idées révolutionnaires. Eux qui n'étaient pas du Pays noir décidèrent de vivre dans ce quartier de la cité de Wallonie où les problèmes sociaux étaient les plus criants. Marchienne est l'entrée de la ville la plus susceptible d'évoluer, car tout est prêt.

Rockerill, providence des artistes.

En marge de la chaussée, les prémices d'un renouveau encore balbutiant apparaissent. La brasserie des Alliés a survécu. Sa façade est classée. Des gens achètent et retapent des maisons qui reprennent des couleurs, abritent des boutiques, drainent du monde. Mais des sacs poubelles gris traînent, tempérant l'optimisme le plus circonspect. À hauteur de la Maison pour associations, qui regroupe plus de 800 organisations représentant une mosaïque de champs d'action allant de la culture au social et au sport, la darse ouest est saturée de bateaux. Dans sa barque, un pêcheur surveille sa ligne, en marge du monde. En direction de Fontaine-l'Évêque et de Leernes, l'espace verdoie. La rivière descend de Jeumont et la frontière française via Erquelinnes, Thuin, l'abbaye d'Aulne, Landelies, Marchienne. Après Maubeuge, la montée vers Paris est impraticable. Côté France, deux ponts attendent d'être démolis et remplacés, mais rien ne semble bouger. Dommage, les plaisanciers venant du Rhin par la Meuse et la Sambre suivaient les canaux jusqu'au canal Saint-Martin, à Paris, pour redescendre vers la Méditerranée par la Bourgogne et le Rhône. Dire qu'en suivant la Sambre, puis la Meuse, le Rhin, le Danube, on rejoint la mer Noire au départ de Charleroi. Ce qui me rappelle l'époque où je débarquais du train de Bruxelles et voyais l'express de Moscou qui attendait. On aurait donné beaucoup pour monter à bord d'une des voitures auréolées du mystère de l'Est, avant la fin de l'URSS. Tout le monde avait aussi en tête l'air de balalaïka du film de David Lean, avec Omar Sharif et Julie Christie, *Docteur Jivago*.

À la gare de Marchienne, l'IC Charleroi-Bruxelles-Anvers embarque les navetteurs du Sud carolo et, une cinquantaine de minutes plus loin, c'est la station du Midi. Au coin, la taverne de la Gare fait déjà le plein de clients. Sur la chaussée, la carcasse abandonnée et partiellement dépecée d'une Peugeot 206 sans plaque, pneus crevés, jantes à nu, est révélatrice des incivilités qui hérissent la population.

Quelques centaines de mètres en direction de Charleroi, le Rockerill à la façade bariolée se prépare à l'apéro industriel du jeudi soir et à l'Uzine Festival programmé ce week-end : hip-hop, électro, rock alternatif ; troisième édition. De l'autre côté de la route, l'arrêt du métro aérien affiche ce beau nom, Providence. Michaël nous montre le sleeping où ont défilé tant de voyageurs artistes. Là, Michaël se verrait bien au crépuscule de ses aventures. Mélanie De Biasio vient de tourner

Les meilleurs kids étaient des sidérurgistes, des durs à cuire,
des personnages avec des gueules d'enfer.

au Rockerill le clip qui accompagne son nouvel album, *Lilies*. Des centaines de figurants, fidèles du lieu, sont venus à la rescousse, comme les athlètes du club de catch de Couillet. Revenue à Charleroi, la chanteuse rêve de faire de l'ancien consulat d'Italie, boulevard Audent, un lieu de création dont le nom sera L'Alba, l'aube.

Pour le moment, Michaël travaille sur le thème des grandes figures de la boxe carolo. Il recueille la mémoire des derniers témoins et a sauvé des affiches de galas à l'Eden. L'artiste-enquêteur s'enflamme en évoquant l'ascenseur social qu'est la boxe carolo. Les meilleurs kids étaient des sidérurgistes, des durs à cuire, des personnages avec des gueules d'enfer, comme Pierre Charles, quinze titres de champion d'Europe, ou Léon Darton, qui ensuite tint un café à l'atmosphère sportive. Prochaine étape du Rockerill, qui voit défiler chaque année 300 artistes et des milliers de visiteurs, l'aménagement du grand hall. La salle viendra en appui de la petite scène planquée derrière les ateliers, celle qui fait penser à une crypte. Sur l'arrière, le site se prolonge d'une vaste cour qui débouche sur un tumulus couvert d'herbes folles et de néfliers aux fruits rouges. La fumée du refroidisseur de la centrale électrique voisine griffe le ciel qui, lentement, vire au plomb. Un bâtiment proche vient d'être racheté et des idées naissent derrière ses murs, paraît-il. Bizarrement, je garde en tête l'image d'un ventilateur encastré dans un mur qui tourne en découpant des tranches de clarté. Le Rockerill est un prisme qui accentue notre perception.

ABETECH
LOKASOL

Espace citoyen Porte Ouest et sainte Rita.

Sur la chaussée, on entre dans le sanctuaire de sainte Rita. Des cohortes de pèlerins la sollicitent pour des causes désespérées. Une forêt de bougies illumine la madone locale. Main dans la main, un couple fait silence. Signée des initiales NB et NG, de Thuin, une plaque remercie Rita. « De la guerre et de la tempête, vous avez sauvé le bateau. » Quand revient mai, les 21, 22 et 23, la bénédiction des roses attire une foule irriguée d'espoir. Derrière une table, dans une pièce isolée, une des quatre religieuses de la congrégation attend que l'on pousse la porte. Le besoin d'écoute est immense dans ce monde où beaucoup parlent en boucle de leur histoire sans entendre celle des autres. Dans la cour, un fidèle proclame que le sanctuaire est un « havre de paix dans la tourmente de la vie ». Devant le portail, une jeune femme du Togo, à Charleroi depuis une douzaine d'années, rit aux éclats. Elle travaille à Biocap, le supermarché du haut de Marcinelle.

Deux maisons plus loin, l'espace citoyen Porte Ouest du Centre public d'action sociale (CPAS) est une fourmilière. Au rez-de-chaussée, dans la salle où tout le monde finit par se croiser autour d'un café, le monsieur croisé chez sainte Rita partage un moment avec des copains du quartier. Du sacré au séculier, la distance est plus courte qu'on le penserait. Du rez-de-chaussée au troisième étage, partout se déroulent des réunions, discussions, formations, ateliers. On frappe à une porte, apparaissent des travailleurs sociaux en train d'échanger à propos des gens qui sont impatients d'apprendre le fran-

Main dans la main, un couple fait silence.

çais. La volonté d'étudier est manifeste, les moyens d'assurer les cours manquent. Vers qui se tourner, le CPAS ? Il faut des classes pour les cours de français. Paul s'interroge. La ville est propriétaire de 500 immeubles. Il n'y a pas bien longtemps, l'inventaire n'existait même pas. La demande est pressante.

Rassembler les gens autour de projets, leur faire confiance, les aider à s'exprimer est un des objectifs des espaces citoyens. « Il ne faut jamais rejeter la parole même si elle est difficile à accepter, car elle repose sur un ressenti », dit un des membres de l'équipe qui a travaillé sur le projet « Devoir de mémoire ». Sur le terrain, les associations se donnent la main. Tout le monde se connaît, des projets nés à l'espace essaiment dans les parages. Effet boule de neige pour l'idée d'une société s'efforçant de soutenir les moins chanceux. Beaucoup de gens déploient des trésors d'ingéniosité pour survivre à la crise, vivre de peu, mais vivre vraiment quand même. Réinventer la société en consommant moins. Autrement.

Lors du dernier café citoyen, les participants touchés par le film de Ken Loach, *Moi, Daniel Blake*, discutèrent longtemps de ce personnage confronté à un système kafkaïen. En lui, ils se retrouvaient. La culture équivaut à une bouffée d'oxygène, rend les idées plus claires. Dans le bâtiment du jardin, l'école de devoirs de l'espace citoyen réunit 33 enfants. Si c'était possible, il faudrait suivre avec des jeunes du secondaire. Il ne faut jamais laisser tomber quand un gosse ne comprend pas ce qu'il a entendu à l'école. Éclairer. Très vite. Remédier. Des parents font des efforts pour conduire leurs gosses à l'école

Dürüms et soupe de lentilles arrosés d'un ayran.

de devoirs. Des bénévoles participent, leur présence est quotidienne. Outre celui de la Porte Ouest, le CPAS carolo compte trois autres espaces citoyens, à La Docherie, Dampremy et Gosselies. En première ligne sur le front social, en lien avec les associations et les personnes.

Dans les ateliers d'Avanti.

Slalom sur la chaussée jusqu'au supermarché Reyhan que jouxte un snack où le pain pita, les dürüms et la soupe de lentilles arrosés d'un ayran – yaourt allongé d'eau et salé – sont aussi exquis qu'économiques. Le patron tend la main par-dessus le comptoir, nous offre le repas et remercie le bourgmestre d'être venu chez lui. On détache les vélos et file droit devant. *On the road again*, le blues de Canned Heat, passait en boucle au café Le Club, rue de Marchienne, dans les années 1960. Charleroi volait encore à haute altitude, la crise n'était pas encore tombée sur le sillon industriel.

Derrière les pavillons de l'hôpital Van Gogh s'ouvre le portail d'Avanti, l'association qui aide des personnes à remonter à la surface en apprenant un métier et en acquérant l'esprit d'équipe. Isabelle, qui émerge de son bureau, décrit le lieu et ses objectifs, qui se révèlent dans les ateliers, de la réparation de vélos à la soudure. Michaël, artiste-formateur, montre les dernières sculptures créées par des gars qui, jamais de la vie, n'auraient pensé à dessiner, peindre, écrire ou chanter. Un pigeon de métal façonné à l'aide de cuillères à soupe finement

soudées a l'air d'être prêt à battre des ailes pour voler vers Barcelone. Une silhouette à la Giacometti chemine sur l'établi. Personnage dévoré par l'espace qui l'entoure. Condition humaine. D'une pietà cuivrée émane une énergie douce. Qui en est l'auteur ? Personne ne s'en soucie, l'essentiel est d'avoir osé donner forme à la statuette. Dans un autre atelier, signalé par l'enseigne « Elle est Babel la vie », des femmes cousent des costumes pour les Journées du Patrimoine. Marchienne a le cœur à l'ouvrage.

Dans la foulée, Isabelle nous emmène vers l'Eau d'Heure. La rivière aux eaux plus claires qu'on ne l'aurait cru vient de Couvin via les lacs de l'Eau d'Heure et leurs 66 km de rives. Les gens d'Avanti ont défriché le mur végétal pour dégager un sentier d'un bon kilomètre et demi. Deux canettes de bière piquées sur des branches tentent de se faire passer pour les cailloux blancs du Petit Poucet, mais c'est peine perdue. Fil trempé dans le courant, un pêcheur espère une truite qui aurait du vague à l'âme. Du creux d'un méandre se dégage une plage qui, autrefois, fut une destination proche pour vacances prolétaires, à deux pas du château Bilquin de Cartier, un édifice qui appartenait à la famille de Marguerite Yourcenar. Dans *Souvenirs pieux*, un des tomes de ses mémoires, l'auteure décrit ce manoir entouré d'un parc orné de rosiers, où elle passa à trois reprises. La bibliothèque publique porte son nom.

Autour du domaine d'Avanti, l'équipe prépare deux jardins qui seront travaillés en permaculture. Le projet va pousser sur un hectare et deux parcelles, l'une cédée par un

privé, l'autre par l'hôpital Van Gogh. On se souvient de l'ancienne ferme Boccace initiée par l'éducateur François Noul, poète de la nature. Tout est lié. Chris, râblé, regard perçant, prénom gravé dans le cuir de sa ceinture, se souvient de la fresque citoyenne réalisée à la prison de Jamioulx par des avocats, des policiers, des gardiens, des familles, des prisonniers, des magistrats et travailleurs sociaux. C'est lui qui a peaufiné les peintures, réglé les détails oubliés, veillé sur l'œuvre. Jamais il n'oubliera cette histoire qui a prouvé que l'univers carcéral pouvait s'humaniser. À condition d'en avoir la volonté. À l'entrée du site s'est installé le supermarché participatif et communautaire Coopéco. Cent produits permettent aux coopérateurs de manger sainement en payant moins cher et en soutenant des producteurs locaux.

Vers Monceau, contents de rouler, forçant un peu dans les côtes, nous savourons la route. En face du site d'économie sociale de Monceau-Fontaines, projet emblématique en perpétuel développement, l'ancienne école qui abrita le Centre de formation en alternance (Cefa) s'est muée en quartier général de l'Atelier/M.

Cette maison de jeunes fonde son travail sur l'imagination, la musique et la création multimédia. La Web TV FullTV y a son siège. D'autres initiatives renforcent l'intérêt du lieu. Patrick nous fait découvrir son atmosphère. Des jeunes discutent dans le patio. De l'autre côté de la pelouse, un bâtiment repeint de couleur sombre héberge un studio d'enregistrement et une petite scène. Des groupes de la région mettent en boîte leurs dernières créations, avec l'aide d'un musicien doté d'un

génie de bricoleur. Côté bureaux, des silhouettes sont rivées aux écrans des ordinateurs. On parle de vidéos, de portraits de gens qui font avancer Charleroi, de la volonté de soutenir les jeunes en quête d'une existence.

Gandhi au Germoir.

Dix-sept entreprises qui font corps pour atteindre le même objectif dans des domaines complémentaires : donner aux stagiaires l'accès à un travail. Formant un fer à cheval, les bâtiments de Monceau-Fontaines se divisent en autant de compartiments que le site compte de projets. Chez Quelque Chose à Faire et Relogeas, on va de la conception d'une maison capable de fonctionner pendant 6 heures en cas de black-out à la formation de personnes confrontées au défi d'apprendre le français, langue étrangère. Au Germoir, Dominique nous emmène dans le restaurant qui sera inauguré d'ici 2 à 3 jours. Des sociétés du bassin carolo se font livrer des repas de midi confectionnés par les stagiaires, des travailleuses étudiantes. D'où l'idée de servir les repas sur place. La dame du Germoir, comme Isabelle d'Avanti, fait partie de ces gens qui font avancer la société sans faire de vagues, en toute discrétion, jour après jour. Pour faire craquer la chape des inégalités, partout à Charleroi, des Don Quichotte se décarcassent, loin de la théorie. Avec les gens. Comme eux. Solidaires. Aux murs du restaurant, des phrases symboliques, poétiques, révélatrices, interpellent. Parmi ces inscriptions, de Gandhi, celle-ci a du

Une plage qui, autrefois,
fut une destination proche pour
vacances prolétaires.

panache : « Vis comme si tu devais mourir demain, apprends comme si tu devais vivre toujours. »

On fait un crochet par l'ancienne maison communale, qui abrite plusieurs services. Si le passage du bourgmestre surprend, ce moment permet d'expliquer le travail quotidien accompli, de confier, même brièvement, son ressenti. Comment aider l'administration communale à fonctionner au mieux ? Les dames du call center, ces « voix » de Charleroi, évoquent leur tâche. Elles excellent dans l'art d'éponger la nervosité d'une personne qui cherche à contacter un service dont le poste est surchargé. Au service communication, le bourgmestre se penche sur le mensuel *Charleroi Mag* et le site Internet. Dire la ville, raconter son histoire, celle des citoyens qui l'animent, construire une image pour définir une personnalité, est un leitmotiv.

À La Docherie, du haut du terril.

Aux confins de Marchienne et Monceau, vers La Docherie, la route dessine une boucle, saute le canal. En arrière-plan, les refroidisseurs d'Amercœur sonnent comme une ballade à la Bashung. Les dérailleurs cliquettent, nous grimpons vers le terril Sainte-Barbe. La rue Favette s'accroche à la pente, flanquée sur la gauche d'une rangée de maisons. Paul montre une bâtisse sans grâce, le 32, en tête d'une allée perpendiculaire à la voirie. « J'ai habité là aussi. J'étais petit, mais me souviens d'avoir battu la campagne avec mes voisins et copains d'école, à vélo, à pied, en nous faufilant partout. Le terril était notre terre d'aventures. » Un riverain s'avance. L'homme dira en aparté, allez savoir pourquoi, qu'il n'est pas capable de lire mais qu'il se débrouille. Charleroi compte pas loin de 10 % de personnes qui ne parviennent pas à déchiffrer un texte, ce qui exige des trésors d'ingéniosité pour compenser le manque. Arrive une maman avec son enfant, ancienne voisine. Ils sont contents de se revoir. Parlent en copains retrouvés. À l'époque, il n'y avait pas de haies entre les maisons, les voisins étaient vraiment proches. Bruit de moteur, une autre auto entame la descente. Paul reconnaît un ami de la famille. Le monsieur, après avoir pris des nouvelles et plaisanté, critique le pitoyable état de la rue Jean Ester. Ils parlent de la vie, de la ville qui change, des problèmes de l'époque, passent du français à l'italien sans y faire attention. Magnette aime l'Italie depuis qu'il est gosse. Ses parents l'emmenaient là-bas en vacances. Puis, il a participé à des chantiers internationaux et travaillé son italien jusqu'à le perfectionner. Une manière d'aller au fond des choses.

Sur le toit du terril, des débris salissent l'herbe. Paul grommèle : « Je voudrais comprendre ce qui pousse des gens à monter ici pour abandonner des déchets, alors que des parcs à conteneurs sont accessibles. » Remodelé, le terril a changé d'allure. Dans le panorama, nous repérons les trois cheminées, le château d'eau, les refroidisseurs, puis les toits qui brillent sous la bruine, les rues qui serpentent, la rivière, le canal, la tour de police signée Jean Nouvel, les silhouettes de l'hôtel de ville. Le vent détache du carillon des notes d'*El Quézenne au Mambourg* de Jacques Bertrand et les disperse à travers le bon vieux Pays noir qui fait de la résistance et veut garder sa vérité. Il dit que Charleroi compte 36 terrils. Munie de sa tablette, une jeune femme à qui nous demandons les noms des terrils se lance dans une rapide recherche sur Google, décline des noms de saints. Nous parlons des voisins qui bavardaient après avoir tiré leur chaise devant la porte. « Il y a encore des rues où ça se fait », dit la dame sympa.

Le dernier vol du pilote Jean Ester.

Rue Jean Ester, une plaque rappelle que ce pilote de la force aérienne belge, né à Charleroi en 1920, gagna l'Angleterre en 1940 pour s'engager dans la RAF. Au terme d'une guerre courageuse, il trouva la mort à Gander (Terre-Neuve) en 1946 lors du crash d'un Douglas DC-4 de la Sabena effectuant la traversée Bruxelles-New York. Le brouillard opaque piégea l'appareil. Place Reine Astrid, typique avec son église qui domine le relief en terrasse, deux gamins sortent de la librairie. Paul les regarde en se revoyant à la fin des années 1970, pareil à eux, revenant de l'école avec son cartable chargé de cahiers. Que deviendront ces gosses ? La rue de Finlande dégringole à pic. Deux minutes et la rue Soupart apparaît. Magnette a vécu au 16, avec sa mère et ses frères, après la séparation de ses parents. Il avait dans les six ans. Les déménagements lui auront donné une connaissance approfondie de la géographie carolo. « Ma chambre, à l'arrière, donnait sur le panorama. Je

Le vent détache du carillon des notes d'*El Quézenne au Mambourg*
de Jacques Bertrand.

voyais brûler les torchères avant de m'endormir. » Des voitures se parquent, des riverains viennent dire bonjour. Il explique la raison de son passage, le besoin de rencontrer les gens le plus simplement possible, ce qui exige d'en prendre le temps. Malgré tout, le temps de l'écoute est réduit.

Un quadragénaire évoque la demande restée sans suite de casse-vitesse dans la rue qu'empruntent beaucoup plus de véhicules qu'on le croirait. Les gens roulent vite. Trop. Les gosses jouent dans la rue. Partout, des jeunes tapent sur des ballons de foot, passent à mobylette ou à vélo. On parle des trous de la rue de Jumet. Les gens savent ce qu'ils veulent. Une ville propre avec des rues sans trous. Le bourgmestre regrette que les efforts menés pour rendre la cité plus nette soient si peu visibles. Comment enrayer cette désinvolture, cette attitude chez certaines personnes, de ne pas se sentir concerné ? L'éducation et la culture, seules, pourraient influer sur cette manière d'être. L'infléchir. Le boulot est énorme. Par quel bout commencer ?

Traversant le tissu urbain, il observe des maisons qui sont des taudis et devraient être démolies. Des chancres urbains. « Que faire, car ces personnes ont quand même un toit, même si c'est un crève-cœur de les voir vivre dans ces conditions. » Il parle de logement, revient aux cités de Marchienne ou de Monceau par lesquelles nous sommes passés ce matin. Une réussite, ce quartier bâti voici une trentaine d'années, avec ses petits immeubles à appartements resserrés autour de jardins bien entretenus. Le logement social est une priorité en temps de crise. L'argent manque cruellement.

Le business de la précarité risque de marcher de plus en plus fort, les marchands de sommeil vivent de la crise.

Bière carolo en marge de la Boucle noire.

Dampremy. Pas de marcheurs ce mercredi sur la Boucle noire qui sillonne les alentours par les terrils. Nous sommes sur le tronçon carolo de la Cordillère noire, le GR 412. Ce chemin de grande randonnée de près de 300 km suit le sillon carbonifère wallon, des bassins de France à ceux d'Allemagne. Par beau temps, ils sont nombreux à s'arrêter le temps d'un café ou d'une chope au Cercle Saint-Joseph. L'atmosphère est chaude, les conversations bourdonnent, à l'abri de la folie du monde. Le patron discute avec un habitué. Vert anglais des tapis. Derrière une baie vitrée, une seule des quatre tables de billard est occupée. Deux copains préparent une figure de style, commentent leur match. Paul commande une Pays noir, une blonde brassée à Charleroi. L'homme de la table voisine déplore que le coin ait tant changé. Ils sont nombreux, les étrangers, ne précise pas lesquels. Avance le mot sécurité. Signale ces voitures qui traînent, sans plaque. Bousillées. Qui témoignent d'affaires pas très claires. Du climat que ce genre de choses génère.

Le bourgmestre évoque les efforts de la police. Des zones ont été nettoyées de leurs dealers. Les flics bossent dur. Mais les pourvoyeurs resurgissent ailleurs, la loi du marché est ainsi faite que le besoin de came engendre un commerce plus lucratif que les autres, réglos. C'est la loi du fric, de l'offre et de la demande, avec la montagne de dollars de l'héroïne et autres substances recyclées dans l'économie mondiale via des paradis fiscaux dénoncés régulièrement par les médias. Sans effet visible. Les paradis fiscaux seraient éternels. Les lanceurs d'alerte risquent gros.

Escortée par ses quatre fillettes dont les prénoms se terminent tous en a, à la manière d'une comptine, une maman veut dire un mot au maïeur. Elle a peur d'être virée de son logement par un propriétaire aigri. Sans emploi ni compagnon, elle émarge au CPAS. Revenu d'intégration sociale. Elle veut assurer le meilleur pour ses mômes et a demandé un logement social, car son loyer du privé est de 600 euros. Elle dispose de 1 150 euros plus les allocations familiales.

Dans un monde parfait, elle aurait droit à un logement social. Les demandes affluent et les logements sociaux manquent. Il faut en construire de nouveaux et adapter aux normes énergétiques les plus anciens. À la Sambrienne – coupole qui regroupe le logement social carolo –, des gens travaillent pour changer les choses, mais ils n'ont pas de baguette magique. « Je n'ai pas le droit d'intervenir, le système est à points, je veillerai à transmettre votre requête, mais ce ne sera forcément qu'une information », dit Paul. Les élus sont confrontés à la question cruciale des moyens des pouvoirs publics, rabotés pour les communes. En contact direct avec les citoyens, celles-ci doivent faire plus avec moins. Derrière la requête polie de la maman se profile une société de plus en plus glaciale pour les moins nantis.

Une ville résiliente

La cité sambrienne n'est pas née de la volonté de ses habitants de grandir et de prospérer, mais des calculs géopolitiques des princes et des militaires. Bâtie par les Espagnols pour se protéger des Français, prise et consolidée par les Français pour se protéger des Espagnols. Avant que nous dominent les Hollandais, les Autrichiens et, par deux fois au XXe siècle, les Allemands. Comme si tous les peuples de l'Europe avaient décidé de se retrouver ici pour se livrer bataille. La vie du peuple carolo, qui avait eu le malheur de naître là, dans ce petit bout de terre écartelé entre le comté de Namur et la principauté de Liège, sur la route de Bruxelles et des Pays-Bas, fut rythmée par les guerres. La ville fut dix fois détruite, et ses habitants périrent par milliers, dans les flammes et sous les bombes. L'éternelle histoire du malheur des peuples, causé par l'ambition des princes et la sauvagerie des soldats. Charleroi fut bâtie par des militaires, elle fut détruite, avec la même ardeur, par d'autres militaires.

Comme un malheur vient rarement seul, Charleroi eut aussi la malédiction d'être une terre de houille. L'or noir du XIXe siècle, la source de toutes les richesses. Le charbon fit de la Belgique le deuxième pays le plus riche du monde, il y a un peu plus d'un siècle. Il fit aussi de centaines de milliers d'hommes, de femmes et d'enfants, une chair humaine sacrifiée sur l'autel du profit. Et l'on commémore chaque année la catastrophe du Bois du Cazier, 262 morts de 12 nationalités, dont une majorité d'Italiens, la plus grande catastrophe industrielle de l'histoire de notre pays. Ici, à Charleroi. La fièvre de la révolution industrielle a tailladé notre tissu urbain : routes, canaux, usines, voies ferrées, centrales électriques et corons, si bien décrits par Émile Verhaeren dans ses *Villes tentaculaires,* ont anéanti l'essentiel des anciens villages et des vieux bourgs. Et quand, fortune faite, les patrons des charbonnages s'en allèrent, faire vivre ailleurs leur argent, ils laissèrent des hommes sans espoirs, des crassiers à ciel ouvert, des châssis à molettes déglingués et de sombres corons. Charleroi fut bâtie par des capitaines d'industrie, et détruite, avec la même ardeur, par d'autres capitaines d'industrie.

Nous aurions toutes les raisons du monde de nous plaindre, de rappeler que nous sommes issus d'un peuple qui a beaucoup souffert et d'exiger réparation, ou de nous complaire dans la déprime et les paradis artificiels. Mais le vrai miracle de l'histoire de Charleroi, c'est que tant de malheur, loin de nous résigner, nous ait donné une force, une détermination, une ambition, qui résiste à toutes les épreuves. La résilience, qui en physique définit la capacité de résister au choc et de reprendre sa structure initiale, et en psychologie la capacité de surmonter les douleurs et de se développer malgré l'adversité, la résilience est un mot qui semble avoir été inventé pour Charleroi.

Jour 2	Ransart
	Gosselies
	Jumet
	Roux

Mercredi 13 septembre

« Bisous m'chou », Asphalte 2014.

Au Viaduc, *Femme et enfant dans la ville*, une œuvre de Charles Szymkowicz en hommage à toutes les mères du monde, signale la station de métro Ouest. En couleurs vives sur les superstructures du Palais des Expositions, l'expression si carolo « Bisous m'chou » prescrit de la bonne humeur. La phrase a été peinte par le graffeur américain Stephen Powers lors de la biennale Asphalte 2014. Bientôt, entre le grand palais qui sera remodelé et le Viaduc, sur l'ancien site de Delbrassine, un énorme Decathlon s'élèvera. Il paraît que la toiture sera recouverte de terrains de sport. Un peu comme une piste d'essai a été aménagée sur le toit de l'usine Fiat du Lingotto à Turin. L'usine a été reconvertie en centre de congrès. Le plus grand d'Europe, les friches trouvent parfois leur deuxième souffle. En lisant dans le ciel, il est presque possible de rester sec entre deux averses. Suffit d'esquiver les flaques et de se planquer quand un nuage noir se déverse sur les cyclistes qui zigzaguent entre les autos. Rue du Fort, boulevard Paul Janson, rond-point du Marsupilami. Par Charleroi Nord et les rues parallèles au petit ring, on rallie Gilly en quelques minutes. Traversée de la place des Haies dans les parfums de poulet grillé et les couleurs des produits italiens qui font rêver d'un peu de mozzarella, d'olives et de jambon de Parme pour renforcer les guibolles. Le petit marché est une invitation à la halte. La route sera longue, aujourd'hui. On file à gauche vers Ransart et Jumet, passe à côté du château Mondron. Rue des Hamendes, à Jumet, arrêt à hauteur du 69, une maison ocre-rouge. « Quand j'ai vécu ici, de 12 à 18 ans, un terrain de foot se trouvait devant », se souvient Paul. Autour, beaucoup de maisons ont été construites, d'autres rénovées. Le bâti s'est amélioré. « Avec mes frères, nous faisions de la musique. J'apprenais la guitare et le saxo. Mon prof de guitare était un Américain qui avait refusé de s'engager pour le Viêt Nam. John Dunn parlait de l'Amérique de l'époque, aimait le jazz et la liberté... »

En montant vers le centre Fedasil, calfeutré dans les arbres au fond du zoning de Jumet, on se demande si la pizzeria de nonno Antonio est ouverte. Tirant leurs valises à roulettes, un homme et une femme venus à pied de l'aéroport de Gosselies, tout proche, sont à la recherche d'un endroit où casser la croûte. Pas de pizza ce midi ! Ils débarquent de Biélorussie par le vol en provenance de Minsk. Quelques maisons plus loin, ils craquent pour les couques de la bou-

Ils débarquent de Biélorussie par le vol en provenance de Minsk.

langerie du Pain Goûtu, ouverte depuis peu. Baguettes à l'ancienne, pain de seigle, parfums de levure et de farine. Caroline, comme d'autres artisans de Charleroi, défend le pain de qualité. Dommage, à cause de la pluie persistante, nous n'emportons pas de pain au levain. À droite, un sachet de frites de deux mètres de haut planté en guise d'enseigne monumentale invite à entrer dans le snack Frit'and Burger. Une icône américaine, ce *diner* revu et corrigé à la sauce carolo. Comme le ring aérien qui entoure la ville de son anneau coloré. Le bandana de Charleroi.

Au centre Fedasil, destinées à la dérive.

Derrière un rideau d'arbres, le centre Fedasil est en retrait. Au-dessus de la table de travail du directeur, un tableau intrigue. Avant de s'en aller, un résident à la signature illisible a offert à Fabian son portrait. L'œuvre exprime l'humanité de la maison. Selon l'actualité, les guerres et les catastrophes malmènent le monde et lancent les gens sur les routes. Au gré des événements et des politiques, la grande bâtisse se remplit, se vide un peu, refait le plein de destinées. Depuis 1999 et la guerre dans les Balkans, avec le drame du Kosovo, le bâtiment a vu défiler des milliers de familles, d'isolés et de jeunes mineurs non accompagnés, soit sans parents. En jargon déshumanisé, les Mena. Le centre est un microcosme d'une vingtaine de nationalités. Pour le moment, les Irakiens sont les plus nombreux, avec les Afghans et les Érythréens. En moyenne,

FRIT'AND BU
URGER

Jupiler
LE BON ACCUEIL
LE BON ACCUEIL Jupiler LOCAL RANSART SPORTS

les demandeurs d'asile attendent un an et demi avant d'être acceptés en Belgique ou priés de reprendre leur sac.

Voir partir une personne que l'on a appris à connaître vers le pays qu'elle a fui est éprouvant, mais la loi est la loi. Dans ce contexte, l'équipe se décarcasse pour aider les résidents à remplir leurs papiers, accomplir leurs démarches, retrouver leur souffle. Des gens marqués par des blessures de guerre, ou épuisés par le voyage, auront payé 10 000 dollars pour gagner l'Europe qu'ils prenaient pour le paradis. Les jeunes sont inscrits dans des écoles de la ville. Des classes passerelles sont organisées. À force de volonté, les mômes manient le français assez vite. Langue la plus pratiquée entre eux, un anglais international. Chacun se débrouille pour se faire comprendre.

Des dons parviennent au centre qui cherche à s'ouvrir sur l'extérieur. Des personnes de bonne volonté parrainent des familles ou des isolés. La localisation n'est pas des plus pratiques. D'où des contacts avec la Ville, avec les Transports en commun (TEC), pour des facilités de déplacement. La bonne volonté des différents partenaires n'est pas une vision de l'esprit. Par le contact avec les associations, la fête des réfugiés, des repas qui permettent de découvrir d'autres recettes que les boulettes et la tarte au sucre, le centre s'ouvre le plus possible à l'extérieur. L'installation de cuisines individuelles, une pour dix personnes, est en gestation. Préparer le repas comme au pays pour le partager, cela compte quand on a perdu ses repères, tout abandonné, et que l'on doit reconstruire une existence à partir de rien.

Des bénévoles aident les jeunes pour leurs devoirs. Animent des ateliers créatifs ou proposent des balades pour découvrir le pays. De leur côté, les habitants du centre participent aux opérations de nettoyage organisées par l'échevinat de la propreté. Le centre est équipé pour accueillir des personnes à mobilité réduite. Deux médecins de l'extérieur se relaient. Des résidents se rendent à l'hôpital Marie Curie. Soigner le stress post-traumatique comme les blessures plus apparentes est une urgence. Des demandeurs d'asile sont hautement qualifiés. Tous veulent apprendre à connaître leur pays d'accueil. Beaucoup rêvaient d'aboutir en Grande-Bretagne, en Allemagne ou aux Pays-Bas. Ils auraient préféré éviter la Belgique qui s'ouvre peu aux immigrés. Entre Charleroi et le centre Fedasil, le contact a toujours été bon. Avant de sortir, un animateur et un jeune résident posent pour une photo de groupe. Celui que l'on recouvre de l'étiquette d'étranger n'a pas peur de montrer qu'il existe.

Feulement d'un avion en phase de décollage. Le zoning de Jumet jouxte la nationale qui délimite l'aéroport. Tournant un peu en rond, le monument du charnier de la Serna, monolithe quasi tombé du ciel en ce lieu voué à l'économie, retient notre attention. À la Libération, le 3 septembre 1944, furent exhumés au parc de la Serna 241 cadavres mutilés après avoir subi des atrocités. Neuf nationalités, des civils, des soldats, trois femmes ; des victimes dont jamais on ne connaîtra l'identité. L'occupant allemand et des collaborateurs exécutèrent ensemble cette sinistre opération. Au-delà du temps, en cet instant fugitif, se croisent les mémoires des habitants du centre

Fedasil et le crime que dénonce cette stèle. L'arrêt du bus se nomme Jumet-Monument.

On pédale vers Jumet. À l'abri au creux d'un bosquet, une centaine de chèvres bêlent en chœur. Insolite en lisière du zoning, la chèvrerie produit un fromage 100 % carolo. À côté, une autre entreprise, installée dans un bâtiment de couleur grise, de forme parallélépipédique, a inventé un appareil qui refroidit les ordinateurs ultrapuissants comme ceux de la fusée Ariane. Depuis Charleroi, Thales Aéronautique participe à ce programme. De la terre au ciel, la ville explore d'autres voies après celles de l'industrie lourde, mais cela prend du temps.

Jacques a la Madeleine dans la peau.

Dans un cliquetis de roue libre, tout schuss vers la chaussée de Bruxelles, puis Jumet. À côté de la chapelle Notre-Dame de Heigne, chez Jacques, on découvre la Madeleine, la musique, la vie. Elle a du charme, la maison de coron, avec les voussettes du plafond, ses boiseries, les tableaux et souvenirs. Une lampe de mineur est posée sur une petite table. Endormi dans un tiroir, l'harmonica de Jacques attend de se réveiller. Aux cérémonies d'hommage aux mineurs, le président des anciens mineurs de Heigne sort l'instrument chromé de sa poche et joue pour ceux du fond.

En haut de la rue du Gouverneur, en juillet, en vareuse de coutil bleu, foulard et casque, calé dans un fauteuil roulant, Jacques a accueilli Paul à la Madeleine de cette année. Il pleuvait dru, le soleil tenta une percée. La tradition orale fait remonter le Tour de la Madeleine à 1380, quand une procession fut organisée à Heigne pour sauver la châtelaine. Au lieu-dit « Tère al danse », à Thiméon, un messager annonça la guérison de la dame. Des siècles plus tard, les festivités durent une semaine. Les sociétés de la Madeleine témoignent des faits marquants d'une commune au grand passé industriel brassant les cultures immigrées apportées par les travailleurs. D'où des groupes aussi divers que les marins russes, américains, la légion belge au Mexique, les soldats des colonies, le tout emporté par une atmosphère de liesse où tout le monde finit par trinquer.

Jacques verse du café dans les tasses, remplit de grands verres d'eau. « Je n'aurais pas pu vivre ailleurs qu'au cœur de Jumet, entre Heigne et la place de Gohyssart ! » Il parle de la guerre 1940-1945, du violon appris à l'académie et qui l'aida à faire le gros dos quand les bombardements déchiraient la région. Ensuite, il sera musicien militaire en Allemagne. Comme Jumet lui manquait, il quitta l'armée et trouva un emploi au charbonnage de Monceau Fontaine. Lors d'une descente, après la vision de l'enfer sous terre, il exhorta les mineurs à respecter les règles de sécurité, à protéger leur vie. Vint la fermeture des puits. Obligé de gagner sa vie, il choisit de revenir à la musique et entama une existence nomade. « Je revenais souvent à Jumet », plaisante-t-il. Heureux de retrouver sa famille. Voici 60 ans, quand fut inauguré le Palais des Beaux-Arts, il fut appelé par Roberto Benzi qui dirigeait l'orchestre. Un palais pour les arts, fallait le faire, pense Jacques.

« Nous remontions la rue en jouant Zarathoustra,
Jumet battait comme un tambour. »

Il a joué au Trianon de Paris comme à Donetsk, ville d'Ukraine jumelée avec Charleroi, au temps des Soviets. Un soir, il prit une balalaïka et laissa son âme courir sur les cordes pour suivre des airs de Russie. Il fut du Carolo Jazz Band, a enseigné aux enfants et accompagné Annie Cordy. Plus symboliquement, il a fondé avec son père la Garde royale anglaise, l'un des principaux groupes de la Madeleine. Des copains buvaient un verre, un sous-bock vantant le stout Barmy de la brasserie de l'Union traînait sur la table. L'Angleterre, pourquoi pas ? En 1946, ce fut l'étincelle qui créa la société.

Reconnue par l'Unesco, la Madeleine est un des fleurons des marches de l'Entre-Sambre-et-Meuse où la musique joue un rôle moteur... « Nous remontions la rue en jouant Zarathoustra, Jumet battait comme un tambour. » L'écho de la musique de Richard Strauss popularisée par le film de Kubrick *2001 : l'odyssée de l'espace* flotte dans l'air. Avec ses 65 Madeleine au compteur, le vétéran ne figure plus dans le cortège depuis 2010, mais le regarde toujours passer avec ses compagnons mineurs.

Chez les rebelles du Martinet.

Notre hôte se rend rue Jean Ester, au restaurant social. Cinq euros pour un repas complet et le plaisir de casser la graine, coude à coude avec des copains. Pressés, on déboule dans une taverne de la place Francq. Omelette, pain, frites. Le patron de La Manivelle a ouvert avant l'été. Tout était prêt pour la Madeleine. Le commerce, comment va ? Il rit. « On

Avec les copains de la pétanque, le ciel redeviendrait bleu.

fait tourner la manivelle », comme dit la chanson. Aux murs, des portraits en noir et blanc d'artistes disparus des écrans et des scènes. Brel, Ventura, Ferrat, La Callas. Obstinément gris, le ciel retient la pluie. Les vélos glissent le long du terril Saint-Louis vers Roux, dans une campagne verdoyante. Traversée du canal. Sur la gauche, à côté de l'eau, derrière un bosquet, des copains jouent à la pétanque. Scène de vacances quelque part dans le Sud. Le terrain de pétanque de l'Espace Provence a été réalisé avec les moyens du bord et l'apport du fonds de participation de la ville. Sept lignes tracées sur un rectangle habillé de dolomie, convivialité garantie. Avec les copains de la pétanque, le ciel redeviendrait bleu comme dans la chanson de Marcel Amont. Ils ne forment pas un club, ni une équipe, viennent simplement jouer ensemble et cette enclave du Midi entre la rue Maréchal Foch et le canal de Roux, c'est Charleroi encore.

Du canal au terril du Martinet, seul change le point de vue sur les refroidisseurs de la centrale électrique d'Amercœur. Au fond de la place Frédéric, taillée pour un ballodrome oublié, le jardin de la maison de l'ami Pierre se heurte aux contreforts des terrils du Martinet. Fermé en 1962, le charbonnage employait 1 200 travailleurs au rythme de trois pauses par jour. Les deux terrils d'une masse totale de 7 000 000 de m^3 – une montagne – ont gardé leurs résidus d'or noir, mais l'épouvantail de la récupération a pris la poudre d'escampette. En 1976, Pierre reçut une des premières lettres de la société Ryan Europe. L'entreprise du Pays de Galles était spécialisée dans la récupération de l'énergie des crassiers, comme on

Ce haut plateau serait un Larzac wallon.

disait à l'époque. Le prix du pétrole montait en flèche. Dans les Forces belges en Allemagne (FBA), les miliciens craignaient que les chars russes franchissent le mur de Berlin. Valoriser les terrils devenait rentable, si on ne tenait pas compte de leur rôle dans le paysage et la vie quotidienne, ni de la faune et de la flore qui s'y étaient adaptées et encore moins des habitants qui vivaient au pied de leurs cîmes.

Soutenu par Jacques, Pierre réunit d'autres citoyens amoureux des terrils et tous entamèrent une action aujourd'hui devenue un cas d'école. Épaulé par une pétition de 5 000 signatures, Jacques fit usage du droit de parole au conseil communal de Charleroi. En 1978, la Ville décida de protéger le site pour 10 ans. La bataille contre Ryan Europe reprit en 1988. Charleroi décida en 1989 de ne pas céder un pouce de terrain. En 1995, la Wallonie classa le Martinet et Charleroi racheta le site en 1997. À ce stade, la lutte de ceux du Martinet avait gagné la Wallonie, suscitant une coordination de comités de défense des terrils. Désormais, une loi wallonne reconnaît la valeur des terrils en tant que patrimoine paysager et environnemental.

Le Martinet est désormais une réserve naturelle adoptée par le criquet à ailes bleues que découvrent des amoureux de la nature. Hormis le combat symbolique et juridique, ses défenseurs ont fait du Martinet un immense parc à quelques bornes de l'hôtel de ville. Des sentiers nervurent le site où l'architecte paysagiste Guy Capart a planté des chênes, des érables, des hêtres, des merisiers, sorbiers et châtaigniers. Cinq cents espèces végétales, dont le millepertuis, se sont développées sur les deux terrils, le grand et le petit, sur la plaine et le haut relief. Soixante espèces d'oiseaux y nichent, dont la chouette chevèche, le pic épeiche ou le geai. Des bâtiments rescapés de l'exploitation du gigantesque triage-lavoir que jouxtait une fabrique de boulets ont été rénovés par la Ville. Aujourd'hui, le Martinet est toujours porteur d'espoirs. Le prochain émane de l'association qui défend les gourmandises et vins de Wallonie. Elle prépare la plantation de trois cents pieds de vigne pour un vignoble didactique, en collaboration avec la faculté de Gembloux. Ce haut plateau serait un Larzac wallon.

Escale à La Rochelle.

À Roux, derrière la maison communale, une grande maison abritait autrefois une ancienne pension de famille. Aujourd'hui, elle est le siège d'une association qui refuse la fatalité. Celle de la précarité qui touche de plus en plus de personnes dans les régions de vieille industrialisation. Claudio, chevelure bouclée, lunettes fines, verbe torrentiel, retrace une histoire qui a commencé par l'action de l'entraide paroissiale. Pour soutenir les précaires, il fut décidé d'offrir aux personnes de collaborer au projet, de s'investir, par une présence, des actes, des paroles échangées. L'asbl Promotion Famille et l'abbaye de Scourmont encouragèrent cette démarche solidaire et, en 1995, La Rochelle réunit ses pionniers dans la cuisine toujours bruissante de conversations et de jeux d'enfants. Lancé par les chrétiens de Roux, pluraliste, le projet propose

Claudio parle de la notion d'*empowerment*.

une banque alimentaire, une bibliothèque, une ludothèque, une coopérative d'achat à laquelle participe une trentaine de familles et a ouvert en 2008 son Service d'insertion sociale (SIS). Une assistante sociale à mi-temps fait tourner l'ensemble, avec des bénévoles. Ceux qui ont eu le courage de pousser la porte partagent leur expérience.

La Rochelle s'inscrit dans le travail du Plan wallon de lutte contre la pauvreté. Claudio parle de la notion d'*empowerment*. C'est donner à des gens rejetés par l'économie le pouvoir d'agir sur leur existence. Ce concept couvre un large éventail d'actions, de l'aide individuelle, via la banque alimentaire, au travail en équipe et à l'action communautaire, avec d'autres associations. En 2012, pour ses quinze ans, La Rochelle a fait le point sur son parcours en osant ce débat : « L'associatif, soins palliatifs de la société capitaliste ? »

Dans le bureau, seuls deux ordinateurs sur cinq sont en état de marche, un homme et une femme recherchent un emploi parmi les annonces du Net. « Pas de chance, l'imprimante est en panne... » Des visiteurs ? Méfiance. Dur d'échapper au système qui contrôle sans pitié les gens les moins favorisés. On nous dit que l'individualisme, pris dans une logique économique qui joue sur le chômage pour assurer sa croissance, broie les gens. Eux, ils s'entraident. Parlent pour exister. Les bases d'une société autre se construisent dans des lieux comme celui-ci.

Derrière le café Chez nous, à côté de la ligne de chemin de fer, La Rochelle cultive depuis bientôt dix ans un grand jardin planté sur un terrain de foot. La permaculture est une manière de voir le monde, se dit-on, en détectant la roquette, le plantain, le chénopode dans la nature qui croît malgré la piètre qualité du sol. Le terrain a été tassé, dammé, arpenté si longtemps par les joueurs. Mais tout finirait par pousser, même dans un sol sablonneux. Les jardiniers de La Rochelle essaient d'oublier les bulbes de tulipe qui ont disparu. Volés ? Tout le monde ne veut pas créer, certains se servent, tant pis pour les autres, croient-ils. Dommage pour eux.

Alors que nous nous éloignons de la place Albert Ier, Paul doit penser à ses parents. C'est à Roux qu'ils avaient ouvert L'Autre Maison. Un refuge où les plus pauvres recevaient des soins et, si besoin était, des conseils juridiques. Ils figuraient parmi les éclaireurs d'un mouvement qui allait se développer en parallèle de la montée des inégalités, sur fond d'économie en déclin. C'est à Roux, en mars 1886, que les Chasseurs à pied dirigés par un général tirèrent dans la foule des grévistes, alors que la Wallonie s'embrasait. La crise frappait cruellement les plus pauvres, les conditions de travail étaient atroces. La colère populaire se déchaîna, effrayant les autorités, confrontées à des émeutes et pillages. À Roux, l'affrontement fit 19 morts. Alfred Defuisseaux venait de publier son *Catéchisme du Peuple*. Le POB, le Parti ouvrier belge, s'était constitué en 1885. Face à la fronde venue de Wallonie, le Parlement instaura la Commission du travail. La longue marche des droits sociaux se traduisit par le suffrage universel.

Retour vers la gare de Charleroi. Le long du canal, un escalier nous tire au niveau de la chaussée pour gagner le Viaduc surchargé, où les bécanes esquivent les bancs de

PALAIS DE LA BIERE
Jupiter

voitures. Place de l'Ouest, à la friterie Robert, les habitués bavardent en attendant le sachet qui réchauffe les mains. Yvan, l'ancien sidérurgiste qui accueille les clients devant la baraque à frites ultramoderne, devrait être au poste. Pas oublier d'aller dire bonjour et de goûter la sauce Robert au secret bien protégé.

La ville intelligente

On dit, en psychanalyse, qu'un être humain va mal quand il cesse de soigner son corps, quand il n'entretient plus de relations sociales, ou quand il arrête d'apprendre. Nous devons donner à tous les Carolos, de toutes les origines, de tous les âges et de toutes les conditions, la chance de prendre soin d'eux, de cultiver leurs amitiés et de ne jamais cesser d'apprendre.

Notre tissu carolo est, de ce point de vue, remarquable. Parce que nous avons souffert de grandes catastrophes industrielles et des profondes blessures sociales et morales qu'elles ont laissées, nous avons aussi développé un formidable vivier d'apprentissage collectif. On parle beaucoup, de nos jours, des villes intelligentes, gouvernées par des technologies de plus en plus sophistiquées. On oublie trop souvent que ce qui rend une ville vraiment intelligente, c'est l'envie d'apprendre des citoyens.

Elle est, chez nous, d'une intensité sans égal. Des crèches et classes maternelles où l'on stimule les talents des enfants dès le plus jeune âge, jusqu'aux centres des aînés, où nos concitoyens peuvent apprendre les langues, les nouvelles technologies et mille autres choses ; des écoles fondamentales aux écoles de devoirs et à la Cité des Métiers, où l'on aide chaque enfant à trouver sa voie ; des académies de musique et des bibliothèques aux clubs sportifs, où l'on développe les facultés de chacun ; des instituts de promotion sociale à l'Université ouverte, en passant par les espaces citoyens, où l'on offre à ceux à qui la vie n'a pas donné toutes les chances l'opportunité de repartir ; des jardins partagés aux institutions culturelles, où l'on s'éduque à la beauté de la nature et des arts... Notre cité regorge de lieux d'échange et d'apprentissage, très souvent gratuits, toujours accessibles, qui brisent la solitude, contrent le fatalisme et cultivent le corps et l'esprit.

Jour 3	Ransart
	Aéroport BSCA
	Gosselies

Jeudi 14 septembre

Recherche prof d'espagnol.

Ransart. Dix heures du matin, rue Paul Pastur, temps gris, nuages noirs, orage dans l'air. Nous nous sommes promis de continuer le voyage à vélo même si le ciel n'était pas avec nous. Paul est attaché à son Scott mi-sportif mi-urbain acheté chez Pitau chaussée de Courcelles. Axel voue un attachement sentimental à sa bécane de course au cadre en titane provenant de chez Morati en Tchéquie, avec sa selle de cuir fabriquée chez Berthoud, en France. Elle équivaut à la Brooks britannique qu'il faut roder comme des chaussures de montagne. Cette dernière équipe toujours les Raleigh qui ne sont plus fabriqués à Nottingham, mais à Hong Kong. Mon Thompson, fabriqué à Grammont, la cité célèbre pour son Mur, acheté chez Denis, à Marcinelle, me relie à notre histoire. Après la catastrophe de 1956, ce marchand de vélos n'a jamais réclamé aux familles le remboursement des machines achetées à crédit par les mineurs. Ils payaient chaque semaine et la confiance régnait. Jusqu'à la tragédie qui vint tout casser. Un de ces jours, nous monterons au Bois du Cazier. Le 1er décembre s'y déroulera la marche aux flambeaux de Saint-Éloi et Sainte-Barbe avec la participation du comité de sauvegarde du HF4.

Ransart, donc... Dans une rue à l'arrière du Centre Tailleny, un air de musique s'échappe d'une fenêtre, se mêle aux appels des enfants en train de jouer dans une cour de récréation voisine. Des chantiers sont en cours dans les parages, comme en bien des coins de la ville. Un courageux retape une maisonnette de rangée. Un promoteur rase des taudis et construit un petit immeuble. Des logements sociaux s'inscrivent dans le tissu urbain composite. Il se reforme par fragments, des pièces déglinguées sortent du puzzle qui intègre des éléments neufs. La variété des formes des maisons donne le tournis, mais l'uniformité n'a pas l'apanage du charme, hein ?

Dans *Charleroi Senior*, édition de septembre 2017, on peut lire que le Tailleny recherche un professeur d'espagnol, bénévole, disponible le lundi et le jeudi de 9 heures à midi. Quant à l'orchestre Senior 3, il recrute des musiciens. À Charleroi, le service des aînés propose des cours, ateliers et rencontres dans 30 centres répartis sur le territoire. De l'aquarelle à la flûte à bec, de la pâtisserie à l'informatique et au scrabble, les seniors se forment avec ardeur et partagent leurs expériences. Axel arrive le premier au Tailleny, Paul vient de Mont-sur-Marchienne. Elles ont chauffé dans la côte, les bécanes. Des perles de pluie brillent sur les vestes qui percent.

Elles habillent des poupées, cousent des vêtements, rigolent
et surtout dribblent le repli sur soi.

Nous traversons une cuisine, empruntons un long couloir sur lequel donnent des salles de classe. Rangés sur des étagères, des ouvrages à emporter. Tu prends un livre, tu en laisses un. Ou pas. Les bouquins ne doivent pas s'étioler dans les armoires. Ils doivent aller vers des lecteurs qui ignorent leurs titres. Comme les humains, ils ont droit à une deuxième chance. Annick, la responsable du centre, anime une équipe de bénévoles. L'espace public numérique répond à une forte demande. Sans ordinateur, aujourd'hui, on est coupé du monde.

Dans une salle occupée par une longue table de bois, les Amies des Aiguilles ont trouvé leur rythme. Tôt dans la matinée, équipées de leurs sacs bourrés de matériel, elles se sont installées devant les machines à coudre qui ont vu défiler des kilomètres de fil. Hormis le talent de ses membres, la caractéristique de l'atelier couture du Tailleny serait d'exceller dans le franc-parler et la bonne humeur. Elles habillent des poupées, cousent des vêtements, rigolent et surtout dribblent le repli sur soi. Avec cet éclat de jeunesse dans les yeux, ces femmes sont des artistes du quotidien.

Leslie et le renard doré du Saint-Charles.

Direction le Saint-Charles. Naguère, le terril jouxtait le charbonnage d'Appaumée. Assaini, le site abrite le Centre d'écologie urbaine. Les serres communales occupent un monumental édifice construit à l'époque qui paraît si lointaine où les pouvoirs publics avaient des ressources. À côté, la cité d'Appaumée, classée en 1994 comme patrimoine architectural de la Région wallonne, aligne ses 18 maisonnettes avec leurs jardins en un coron qui abrita les premiers travailleurs venus de l'étranger, dans les années 1920. Parmi eux, des Italiens fuyant le fascisme.

Avec la hausse du coût de l'énergie, le sanctuaire vert réclame une fortune en chauffage, ce qui a provoqué la fermeture de l'orangerie, voici quelques années. Dans le hall, une canopée de métal, voûte de tiges peintes en rouge, capte le regard. Insolite et beau. Surprenant. L'architecte Jacques Depelsenaire n'avait pas reçu par hasard le prix de Rome 1948. Oubliée dans son encadrement, une immense feuille morte révèle la fragile empreinte d'une vie qui a fini son chemin. L'équipe chargée de soigner les plantes – bananiers, yuccas, orchidées... – fait des miracles au jour le jour. Les serres carolos produisent et veillent sur les plantes des 900 espaces verts de la ville. Elles abritent aussi, pour les remettre en forme, les centaines de ficus et palmiers qui tournent dans les bâtiments communaux pour en régénérer l'atmosphère.

Leslie, agronome, nous emmène par le dédale des serres, du parc et des jardins. Son enthousiasme est tonique. Pas chauffées au seuil de l'automne, les serres dégagent une chaleur de jungle. Les travailleurs préparent du terreau, font des boutures, soignent les plantes avec des gestes respectueux. « Nous produisons 160 000 annuelles », annonce un vieux de la vieille, avant de désigner l'eau qui fuite du toit. Certes, l'entretien coûte cher, mais sans ça, c'est la bérézina. « À partir d'une graine, tout ce qui fleurit la ville sort d'ici », explique

« À partir d'une graine, tout ce qui fleurit la ville sort d'ici. »

Les mécanos connaissent la musique des moteurs comme
Leslie la sensibilité des plantes.

Leslie. Beaucoup d'écoliers prennent contact avec la nature ici. De retour en classe, ils emportent une bouture sur laquelle ils veilleront. La plante, en poussant, créera un lien entre les gosses et l'environnement.

Une variété locale de poire, la Belle de Jumet, est conservée dans les serres, avec des pommiers du terroir carolo sauvés de vergers anciens. Leslie évoque les frères Chotard, célèbres horticulteurs de Gosselies. Ces artisans ont montré la voie. Dans le parc, alors qu'un train passe le long du bâtiment, avec ce ciel aux mille nuances de gris et le vent qui joue dans les branchages, le grand jardin déploie son charme, du tunnel de charmille au rucher-école. Derrière, cachant le ring R3 qui relie Gilly à Soleilmont où Le Maillon a planté des vignes, se profile le Saint-Charles. Après avoir brûlé longtemps, forçant des riverains à s'installer à Marcinelle, sur les hauteurs de Belle Vue, il est couvert d'arbres. « En hiver, on voit l'ombre chinoise du renard qui va vers le sommet », dit Leslie. En sortant, nous découvrons une autre activité, l'entretien des tondeuses, taille-haies, coupe-bordures, tracteurs. Les mécanos connaissent la musique des moteurs comme Leslie la sensibilité des plantes.

Dans le labyrinthe de Brussels South Charleroi Airport (BSCA).

La pluie s'est lassée. De Ransart à l'aéroport de Gosselies, le labyrinthe est borné de maisons toutes différentes. Des piétons tirent leur valise sur le bas-côté de la route.

Comme les mouettes annoncent au marin la proximité d'un rivage, ils signalent la proximité de Brussels South Charleroi Airport. Au-dessus de nos têtes, un avion Ryanair en phase d'atterrissage gronde. Près de la station-service qui monte la garde aux portes des étendues de parkings, un auto-stoppeur tient une affichette « Luxembourg ». On roule au milieu des myriades de voitures qui déposent leurs passagers et ressortent après un tour de carrousel. Passé la barrière du péage – les vélos se gaussent des barricades –, entrée dans le P2. Lumière jaunâtre, effluves d'échappements. Tout au bout, là où les gens débarquent des autos, au pied de l'escalier et de l'ascenseur qui mènent vers le hall des départs, un écran affiche les arrivées de la matinée : Zadar, Timisoara, Malaga, Édimbourg, Podgorica. S'élabore un bref échange avec un type qui attend des voyageurs.

Quittant BSCA, navigation à l'estime à travers l'aéropole plein à craquer d'entreprises de pointe. Futuriste, le zoning d'Igretec regroupe le bâtiment EOLE et le paquebot de l'IBMM, l'Institut de biologie et de médecine moléculaires, truffé de dizaines de labos de l'ULB où travaillent des centaines de chercheurs. Alors que j'étais encore reporter au journal *Le Soir*, un professeur auréolé d'un prix Franqui m'apprit la différence entre la recherche fondamentale et la recherche opérationnelle. La première vous emporte vers un objectif non défini. Il faut se perdre pour trouver des voies nouvelles, inattendues, confiait le savant. Pour ce qui concerne la recherche appliquée, la destination est identifiée dès le départ. J'avais été impressionné par cette manière de la voir

Zadar, Timisoara, Malaga, Édimbourg, Podgorica.

comme une aventure. En 2017, l'aéropole déborde de PME qui innovent et compte deux usines aéronautiques, la Sabca (Société anonyme belge de constructions aéronautiques) et la Sonaca (Société nationale de construction aérospatiale). La descendante de Fairey vient de procéder au vol d'essai du Sonaca 200, un avion biplace d'écolage. Le premier avion belge depuis le Tipsy Nipper des années 1950. À Gosselies, on monte des F-16 et façonne des bords d'attaque pour les ailes des Airbus, ainsi que des éléments de carlingue. En pointe dans la technologie la plus performante.

Longeant les parkings dégarnis de Caterpillar, la tâche à accomplir pour récupérer les emplois perdus donne le tournis. Annoncée en 2016, la fermeture en cours signe la fin du rêve américain. Au terme d'un bras de fer, les 93 hectares du site sont revenus à la Wallonie pour le franc symbolique. La cellule de reconversion fait le maximum pour atténuer le choc, mais la casse humaine est tangible. Faire revenir des entreprises est la mission du plan Catch (Catalysts for Charleroi), orchestré par le comité stratégique de Charleroi. Son objectif ? Ramener de 6 000 à 8 000 emplois en 10 ans. Quinze chantiers sont déclinés en dizaines de projets. À Caterpillar, les travailleurs s'étaient formés, avaient accepté des sacrifices, produisaient des machines de qualité, mais la concurrence des pays à bas coût de main-d'œuvre a brisé ces efforts. C'était couru d'avance et la globalisation a mis K.-O. l'usine carolo. Vue du Q.G. de Peoria, Illinois, USA, Gosselies n'était-elle qu'un agglomérat de chiffres dans un plan financier et non un des moteurs d'une entreprise et d'une région ? Au rond-point de

Au rond-point de l'entrée de Gosselies trôna longtemps un bulldozer.

Derrière le hameau passe l'autoroute de Wallonie, ce fleuve de béton
qui coule de Moscou à Gibraltar.

l'entrée de Gosselies trôna longtemps un bulldozer jaune. Il a disparu.

Au bout d'une rue pavée se trouve la ferme du Piersoulx où la maison Cachera expose ses vélos électriques. La bonne vieille bécane, mue par une batterie, s'impose comme mode de transport au quotidien. Les Carolos se souviennent de l'échoppe du marchand de vélos au marché du dimanche. Penchés sur les dérailleurs démultipliant l'effort quasi à l'infini, les badauds rêvaient du Ventoux. Derrière le hameau passe l'autoroute de Wallonie, ce fleuve de béton qui coule de Moscou à Gibraltar. On virevolte à travers City Nord, entre les magasins taille XXL. Vêtements de marque, électronique, hi-fi, pneus, bricolage. Ce vaste espace voué à la consommation, placé à un nœud autoroutier, attire une foule de clients. Comment établir une connexion entre ce quartier de magasins et le centre qui perd ses commerces ? Manque un axe majeur pour relier City Nord au cœur de Gosselies.

Passé le Calvaire, rue Modeste Cornil, le Lamassu, snack syrio-libanais, nous sauve de la drache. La patronne mitonne le houmous, les aubergines, le fatouche et le taboulé comme à Beyrouth. Originaire de Syrie, son époux va de table en table, donne à goûter un plat du Moyen-Orient, du blanc de poulet très cuit mélangé à du blé concassé. Pétrie d'épices, la pâte est onctueuse. On livre à domicile, dans un rayon de 20 km. À propos de la situation syrienne, notre hôte observe que bien malin celui qui s'y retrouverait tant les éléments du dossier forment un nœud inextricable. Qui étrangle tant de citoyens dont certains de ceux croisés à Fedasil.

Cinq mamans ou le courage du quotidien.

L'église domine la place des Martyrs où la statue du Tchot, l'espiègle gamin de Gosselies, exprime la personnalité de la cité des Casseroles. Ce surnom rend hommage aux émailleries qui quadrillaient la bourgade. Deux ouvriers de la ville nettoient la rue. Le bourgmestre traverse pour les saluer. Nous reprenons les vélos pour gagner la bibliothèque rénovée. Elle bruisse d'une atmosphère d'école que la lecture rend forcément buissonnière. Des écoliers du collège Saint-Michel choisissent des livres. Septante classes des environs sont inscrites à la bibliothèque. Un service considéré comme une priorité par la Ville et financé par la Fédération Wallonie-Bruxelles. On ne mesure pas assez la chance que l'on a d'avoir des livres chez soi. Injustice de l'endroit où l'on vient au monde. La démocratie serait la volonté de réduire la fracture sociale. Dans cette vision, la grande demeure propose un atelier d'écriture, un espace numérique avec assistance pour ceux que l'informatique intimide et qui veulent apprendre à surfer sur le Net. Les bibliothèques sont des leviers.

Une bâtisse plus loin, l'académie de musique étire ses lignes horizontales. Comme dans les autres écoles d'art de Charleroi, celle de Gosselies se décarcasse pour ses étudiants. L'immeuble a connu des jours plus glorieux. Se dégrade, mais il est temps encore. Rénover ? Raser et rebâtir ? Projet à l'étude. Dans le centre, des volets baissés sur trop de vitrines illustrent le lent déclin du commerce artisanal, à deux pas de

City Nord qui brille d'enseignes internationales. Dans une même commune coexistent deux pôles emblématiques du changement en cours. Avec, en corollaire, la montée en puissance du commerce numérique. Les commerçants sont des acteurs essentiels de la ville.

Rue Creusiaux, l'espace citoyen multiplie l'offre de formations pour soutenir l'insertion des personnes les plus faibles de la société. Pour encourager les mamans venues s'instruire, la garderie propose des modules de psychomotricité. Éliane décrit le plan d'action 2017-2018, parle des jeunes femmes en formation. Baptisé du prénom Miriam, un projet organise l'accompagnement individuel et en groupe de dames seules avec enfants trop petits pour l'école. Cinq CPAS se sont engagés dans cette voie nouvelle : ceux de Molenbeek, Namur, Charleroi, Gand et Louvain. Le secrétariat d'État à la Lutte contre la pauvreté et le SPF Finances subsidient la démarche. Elle fera école si le modèle fait ses preuves. Objectif visé pour ces demandeuses d'emploi « validées » – triste manière de dire : l'entrée sur le marché du travail. À Gosselies, pour le CPAS carolo, 13 mères sont inscrites dans cet atelier ouvert pour deux années. Elles bénéficient du revenu d'intégration sociale (RIS).

Dans une pièce du premier étage, Cindy, éducatrice, travaille avec trois jeunes femmes. L'une d'elles, 30 ans à peine, mère de cinq enfants, sans compagnon ni famille, vit dans un logement social de l'Allée verte à Jumet. Elle paie 160 euros de loyer pour un appartement vétuste et humide, infesté de cafards. Locataires dans le privé, les deux autres déboursent un gros 500 euros par mois plus les charges, ce qui ne laisse pas grand-chose pour vivre. Pour se former, s'en sortir, elles font l'effort de se détacher de leurs petits. Pas facile de couper le cordon, même pour quelques heures. Les enfants sont leur raison de tenir.

Trouver un emploi avec des mômes sur les bras est un exploit. Ramener un salaire paraît inaccessible. Un parcours du combattant, quand il faut se former, assurer le quotidien, trouver une garderie, bosser au gré des services coupés, disposer d'un véhicule parce que transports en commun et services coupés ne vont pas très bien ensemble. Écoutant ces confidences prodiguées sans blabla, Paul perçoit la hauteur de leur défi.

Libre-sur-Sambre

Quand les révolutionnaires français arrivent ici à Charleroi, en 1792, ils sont acclamés avec ardeur. Enfin, nous voilà débarrassés des rois et des ecclésiastiques, et bientôt du comté de Namur ! Et les Carolos s'enorgueillissent du nom que leur confère la Révolution : Libre-sur-Sambre. Le nom hélas a disparu, mais pas l'esprit : Charleroi sera toujours Libre-sur-Sambre, comme l'a si bien chanté Paul Louka. Quand passe Napoléon, porteur des derniers feux de la Révolution, il est accueilli en héros par les Carolos. Deux siècles plus tard, on célèbre encore son bref passage par des manifestations qui, il faut le reconnaître, tiennent autant des libations païennes que de la procession religieuse.

Nous sommes les enfants d'une ville rebelle, qui épouse toutes les causes justes et est à la pointe de tous les combats. Au cœur de la bataille pour le suffrage universel, c'est à Charleroi que le Bruxellois Émile Vandervelde vient se faire élire. Et le pays de Charleroi, les grandes colères du Pays noir, donnèrent au mouvement social, et au mouvement wallon, deux de ses plus belles âmes, Jules Destrée et Paul Pastur, amis dans la vie et unis dans la mort. De la journée des huit heures à l'Affaire royale, de la lutte contre la loi inique à la défense des droits des étrangers, Charleroi est de toutes les causes justes, et toujours dans le premier bataillon.

Charleroi, ville de labeur, a accueilli toutes les innovations technologiques avec curiosité et enthousiasme. Les hauts fourneaux de Thomas Bonehill, les machines électriques de Julien Dulait, le verre plat d'Émile Fourcault, la soude d'Ernest Solvay, les imprimeries de Dupuis, les aéroplanes de Fairey, les satellites des jeunes ingénieurs des ACEC et les vaccins du Biopark. Et dans chacune de ces disciplines, se formèrent, dans nos écoles, les meilleurs ingénieurs et les meilleurs techniciens. Sur une terre où presque personne ne peut compter sur une fortune familiale, on a vite compris que seules la science et l'étude peuvent conduire à l'émancipation personnelle. Et en termes de science, comment oublier que c'est ici, à Charleroi, que Georges Lemaître inventa la théorie du Big Bang ? Si une théorie, une seule, devait être inventée à Charleroi, c'est bien celle du Big Bang !

Charleroi, ville de passage, où l'on s'arrête un instant, quelques jours ou quelques années avant de reprendre son chemin, a su malgré tout retenir nombre de ces oiseaux de passage. Elle est devenue aujourd'hui la plus grande ville de Wallonie, la plus cosmopolite aussi.

Telle est Charleroi la bigarrée, où tout le monde un jour est venu d'ailleurs, a été accueilli et accueille. Une ville qui, par ses habitants, est liée aux quatre coins du monde, dont la diaspora, nombreuse, garde une infinie tendresse pour les bords de Sambre.

Mercredi 20 septembre

Sur la carte murale, la ville se redessine.

Veille d'automne, gare du Sud, passerelle du Quai 10, halage. Au fil du RAVeL, les cyclistes peuvent se rendre partout dans l'agglomération. Cette portion du Réseau autonome des voies lentes encercle Charleroi. Des rues plus ou moins perpendiculaires à cette route permettent de tisser sa voie à travers le tissu urbain. Passé l'Hélios, piscine olympique, une partie du territoire presque totalement assainie accueille des équipements essentiels au fonctionnement de la cité, comme la station d'épuration de l'Intercommunale pour la gestion et la réalisation d'études techniques et économiques, Igretec. Elle recueille toutes les eaux usées de la ville. Auparavant, les égouts se déversaient dans la Sambre. Aujourd'hui, l'intercommunale offre les zones d'herbe des stations d'épuration en pâture à des moutons. Ils polluent moins que les tondeuses mécaniques ou électriques. Essai en cours à Viesville… Sur l'autre rive, les ateliers de la SNCB étendent leurs halls. Plus loin, le parc à conteneurs de l'ICDI (futur TIBI) engouffre sa ration quotidienne de plastique, bois, verre, huile, papier. Ces parcs sont des applications concrètes de la citoyenneté responsable. Tout le monde s'y côtoie.

Pour aller au centre de Montignies-sur-Sambre, on emprunte le pont Solvay puis on monte un peu. Avec ses arbres bien rangés, la place conserve une élégante allure, mais mériterait d'être aménagée. Il suffirait de peu pour que l'endroit soit un havre de paix. Remontant l'avenue du Centenaire, on frôle plusieurs des hôpitaux appelés à se regrouper sur le site des Viviers, à Gilly, au croisement de la nationale 90 à deux bandes et du petit ring, le R9, qui se branche sur le grand anneau du R3. Aux confins de Charleroi, Gilly et Montignies, au milieu des petites maisons ouvrières, la présence de l'Airbus A300 qui abrita un restaurant, puis une discothèque, suscite toujours un choc visuel à la Ray Bradbury, auteur immortel de *La Solitude est un cercueil de verre*. On se frotte les yeux en se demandant si c'est du cinoche. Ben non, c'est Charleroi. Un décor de cinéma.

Le zinc trône au centre de ce qui est devenu un parking du Grand Hôpital de Charleroi (GHDC). La structure existe sur le papier depuis 2008 et supervise la gestion de Notre-Dame, Fabiola, Sainte-Thérèse, Saint-Joseph et de l'IMTR. Ces institutions formeront en 2023 un seul grand hôpital, relié aux quartiers proches et à la vie de la ville tant qu'à son schéma de développement. Georgios, le *bouwmeester* de la

Ville – urbaniste en charge d'une vision globale –, nous attend devant l'ancienne maison communale de Gilly pour évoquer le plan Europan, étroitement lié au remodelage de la partie est de l'agglomération. Dans une salle de réunion, un pan de mur est recouvert par une carte. David, le coordinateur du GHDC, donne corps au dossier fondamental pour les habitants d'un bassin de vie de 450 000 âmes. En quelques mots et pointant les lieux clés, il trace les grandes lignes de ce campus de santé intégré, prototype d'une nouvelle structure hospitalière vouée à la prévention et à l'enseignement autant qu'aux soins *stricto sensu*. Les cinq hôpitaux totalisent actuellement 1 150 lits. Installé dans ce qui sera un parc, le grand hôpital du futur, doté d'une logistique à l'efficacité accrue, exigera moins de lits, car les avancées techniques réduisent le temps passé dans les unités de soins. D'où la nécessité d'une unité hôtelière, mais aussi de commerces et autres services.

Cinq cents médecins et près de deux mille soignants, plus des étudiants, travailleront sur ce campus de 17 hectares dont 4,50 hectares seront construits.

Le RAVeL longe les Viviers. Pratique. L'idée des Viviers est de conjuguer les approches médicale, hospitalière, hôtelière et environnementale, de la prévention au diagnostic, dans l'esprit d'une amélioration du mode de vie. Chaque jour, 5 000 patients viendront au GHDC. Ceux-ci, plus le personnel attaché au campus, ainsi que les activités qui se grefferont sur le tronc central, devraient recréer de l'animation à Gilly et aux alentours. Quant au site de Notre-Dame, à côté du Marsupilami, il sera voué à des activités cliniques. Après

La Solitude est un cercueil de verre.

Bruxelles et Anvers, Charleroi est le troisième plus grand centre hospitalier belge. Le GHDC, avec les autres grands hôpitaux dont le CHU Marie Curie, Vésale et Gosselies, complétera le bassin de soins. On ne peut s'empêcher d'espérer que cette nouvelle unité puisse continuer à permettre aux équipes de soignants d'exprimer leur humanité. Question de temps disponible. Ce facteur si difficile à traduire en chiffres, essentiel à la pratique de la médecine.

Enchaînant sur les propos de David, Georgios aborde le plan Europan. Le futur grand hôpital des Viviers sera un élément majeur du remodelage du territoire gillicien. Charleroi, avec Bordeaux et Barcelone, figure dans le top 3 des villes qui ont capté l'attention des bureaux d'architecture européens. Pour Charleroi, en quête d'une meilleure image, Europan est un signe de reconnaissance. Lancé à l'échelle européenne, ce concours d'idées s'adresse à des architectes de moins de 40 ans. Les candidats doivent repenser l'un des cinquante sites désignés à travers quinze pays. La Ville, où l'on s'ingénie à créer du positif en partant d'une situation pour le moins complexe, s'avère un terrain fertile pour l'innovation. Quatre équipes ont été retenues pour changer le visage et la vie des quartiers environnants.

Posté devant la baie vitrée d'où l'on découvre la place Destrée, réduite au rôle de parking désincarné, Georgios observe Gilly. Autour de la place, les lieux de vie. L'athénée, le centre culturel, la bibliothèque, le centre sportif, des locaux associatifs et une entrée du métro léger sont des aimants pour le public. Dans les environs immédiats, les Quatre-Bras et les chaussées de Fleurus et de Lodelinsart gardent des commerces. Cette animation ne s'exprime pas seulement lors de la célèbre braderie annuelle. L'objectif serait de réorchestrer les éléments de Gilly. Ce gros plan sur la Porte Est incarne le défi carolo. Refondre un espace morcelé, constitué d'un noyau central, de communes satellites, et parsemé de friches qui, lentement, font place à de nouvelles réalisations. Le boulot du *bouwmeester* consiste à formuler des propositions au collège et au conseil pour dessiner le futur de manière cohérente. Et aussi accueillir les opérateurs du public et du privé. Pour le *bouwmeester*, il faut recréer du logement et des emplois pour que les gens reviennent vivre en ville, revitalisent le centre qui sera toujours le moteur d'un ensemble à la hauteur du bassin de vie qu'est l'agglomération.

Quelque Chose à Faire au Paradis des Chevaux.

Après les grands projets et le schéma de structure, la ville réinventée au départ d'une carte de géographie, descente en roue libre vers la place du Louvy, à travers ce maillage gillicien qui pourrait avoir inspiré *Dins les ruelles*, la nostalgique chanson wallonne de Bob Dechamps. En retrait dans un petit square où les grands arbres se penchent sur des bancs publics, l'école fermée s'étiolait au milieu d'un pâté de maisons donnant sur la rue Paradis des Chevaux. Michel, qui habite la première maison rénovée, a entendu des anciens associer ce nom aux chevaux de mine. Après les années de fond,

Jupiler
LE LOUVY
Jupiler

remontés au jour, ils retrouvaient l'herbe verte et la lumière. En 2008, l'association Relogeas a retapé quatre logements. Partenaire de Solidarités Nouvelles, Relogeas lutte contre la grande précarité par l'accès au logement décent. L'idée est d'acquérir des maisons délabrées, de les rénover avec une entreprise d'insertion sociale, comme Quelque Chose à Faire, puis de les louer à un prix adapté à des personnes qui seront accompagnées, avant de reprendre pied dans la vie.

Adrien, formateur en maçonnerie et d'autres disciplines pour Quelque Chose à Faire, parachève avec des stagiaires la finition de quatre appartements à basse consommation d'énergie. Gwenaëlle, une jeune femme qui était caissière dans une grande surface, pose deux carreaux au-dessus d'un évier. C'est à La Rampe, le centre de formation de Quelque Chose à Faire, à Monceau-Fontaines, qu'elle a découvert les secrets de la construction. Après un an et demi d'efforts, elle terminera bientôt sa formation et cherchera un emploi. Quelque Chose à Faire ne la laissera pas tomber.

Un étage en dessous, Momo, deux mois d'apprentissage, travaille sur le revêtement isolant d'un plancher. Avec leurs puits de lumière et leurs grandes fenêtres, les appartements donnent envie de poser sa valise. « Nous avons plus de cent stagiaires », explique Adrien. Soit une vingtaine d'équipes. Après les premiers pas, les « apprentis » se mesurent au métier dans des entreprises. Polyvalents, ils sont formés à l'efficacité.

De la chapelle qui jouxtait l'école subsiste la Sainte Vierge de plâtre couleur neige. « Les gens du quartier l'aimaient bien, on lui a trouvé une nouvelle place », témoignent des membres de l'équipe de Relogeas. Bientôt terminé, l'espace communautaire recevra les actuels résidents et les nouveaux venus. Cette école qui renaît est immortalisée au cinéma. Benoît Mariage, ancien photoreporter de *Vers l'Avenir*, y a tourné plusieurs séquences de son film carolo, *Les Convoyeurs attendent*, avec Benoît Poelvoorde et Bouli Lanners. Bouli, devenu réalisateur, est un géographe de l'âme. Dans *Les Premiers, les Derniers*, il projetait ses personnages sur l'écran de la destinée, comme la clarté dans ses peintures. Dans *Ultranova*, il nous emmenait dans les *no man's land* des terres industrielles dépassées par l'économie, territoires à redéfinir. Pour ce Liégeois, Charleroi c'est chez lui aussi.

Halte en gare de Faim et Froid.

Du Louvy au Sart-Allet, où passe le RAVeL, il faut descendre en prenant la mesure du panorama, franchir le site du métro léger qui a bouleversé le quartier du fond de la chaussée de Fleurus, où j'ai vécu mon enfance. Mes parents louaient une maison là-bas. Quand nous avons déménagé à la rue Goffart, elle était encore en terre. Tout au bout, près du terril de la briqueterie, un sentier menait à une ruelle et un magasin où les enfants achetaient des lacets, des boules de mineur et des graines de tournesol. Le boucher offrait aux mômes du saucisson au jambon. Maman venait d'Anvers, sa famille habitait près du port. Rue Amiral de Boisot, à l'aube, on entendait les sirènes des bateaux en partance. À Gilly, il

L'école fermée s'étiolait au milieu d'un pâté de maisons donnant sur la rue Paradis des Chevaux.

arrivait que le garagiste prête à Pierre, mon père, sa Studebaker Hawk transformée en dépanneuse. Tard le soir, nous roulions par les rues. Charleroi, Pierre l'aimait pour les gens.

Vers le haut, c'était Soleilmont, ses bois mystérieux, une cantine pour mineurs et le *richot*, le ruisseau en français, où les bateaux de papier flottaient un moment avant de sombrer. L'école du cirque s'est installée dans l'abbaye. William Dunker, devenu un grand *folksinger*, habitait au Taillis-Pré. L'atelier de vélos à l'enseigne de Louesse-Sports nous faisait rêver. Le quartier comptait quatre cinémas et le tram vert ferraillait sur les rails brillants. Mon copain Mario jouait de l'accordéon et l'instituteur qui nous a appris à lire, à écrire, à compter et à faire de la gym s'appelait Monsieur Beaurir.

On revient à la bicyclette pour rejoindre l'ancienne gare du vicinal, transformée de fond en comble par Faim et Froid. Premier élément visible de ce projet sans cesse remis sur le métier, l'atelier vélo ouvert voici deux ans. Éric, un ancien de l'association, graisse une chaîne et donne un ultime coup de chiffon à une bécane qui a retrouvé sa jeunesse. « Nous recevons des vélos et les remettons en état. L'ICDI en récupère dans ses parcs. Tiens, tu vois, celui-là est à vendre, 10 euros. » L'atelier est rangé comme une bibliothèque, avec ses outils et ses pièces bien à leur place. « J'ai suivi une formation chez Pro Velo. Nous sommes deux pour faire tourner l'atelier. »

Une porte plus loin, l'épicerie sociale accueille une stagiaire vendeuse pour son premier jour. Soulagée de découvrir ce travail, elle se sent utile. Midi. À côté, dans le bâtiment peint en blanc, des fragrances de cuisson signalent que le res-

taurant est ouvert. L'ancien quai a perdu ses rails, mais gagné en échange le ruban du RAVeL. Des terrains de pétanque viennent d'être aménagés en marge de la terrasse où cyclistes et habitants du quartier se posent le temps d'un verre. Daniel, le directeur de Faim et Froid, désigne la pelouse où s'étendra bientôt le camping d'un jour. « Des cyclistes qui venaient de Suède et descendaient en Espagne se sont arrêtés chez nous. Ils ont pris leur douche et mangé, sont restés deux jours et avaient de la peine à s'en aller. Nous nous sommes dit que l'idée d'un camping était dans l'air. La Région wallonne nous soutient. »

À l'abri dans le grand hangar planté à proximité du corps de la gare s'accumulent des meubles récupérés. Ils sont retapés à l'atelier menuiserie, soutenu par le CPAS. Puis vont à des gens qui n'ont rien pour équiper leurs logements. Jean-Pierre, le président de l'association, écoute Daniel brosser à grands traits l'activité du site. Avec les cours de français – toujours trop de demandes... –, l'école de devoirs et, depuis peu, l'atelier de la tolérance où les enfants, adolescents et adultes de cultures diverses apprennent le respect de l'autre, coude à coude. « Trente-deux inscrits pour notre première année, c'est encourageant. » C'est le résultat d'un effort constant.

Commence la remontée de la chaussée de Fleurus. Dans des perspectives de montagne, les ruelles dévalent vers le fond du terril. Aux Quatre-Bras, les cinémas ont vu « *The End* » éteindre leurs écrans alors que ceux des télés s'allumaient. La fin des cinémas de quartier traduisait peut-être le début d'un monde où l'on se sent plus seul qu'avant. Où la communication est virtuelle, moins physique. Pourtant, rien ne remplace l'expérience de terrain, comme celle que nous vivons en ce moment, à vélo, en humant l'air du temps.

Un oasis derrière l'athénée royal.

Passé le carrefour des Quatre-Bras, pile en face de la maison communale annexe, la boucherie ouverte en 1933 par le grand-père de Jean-Marie est un vestige du Gilly d'hier. Spécialité de la maison, le cheval. Cette viande a toujours été prisée dans les régions industrielles. Maigre et riche en fer, bon marché, elle donnait de la force. En vedette, le cervelas, spécialité proposée dans une version chevaline, est un mets populaire toujours apprécié. « De jeunes architectes du plan Europan sont venus me poser des questions sur le quartier », raconte Jean-Marie. Dans le coin, parmi les enseignes dans toutes les langues qui montrent que Charleroi est une terre d'accueil, la boucherie représente la tradition. Les artisans bouchers sont de moins en moins nombreux. Les grandes surfaces ont affaibli le petit commerce, c'est général. Fidèle, la clientèle de Jean-Marie vient de loin pour son bœuf et ses savoureuses préparations.

En roulant, on déguste le cervelas, coupé en fines tranches par le boucher. Un robuste apéritif avant de casser la graine un peu plus loin. Au Marathon, le patron Evgenios reçoit une clientèle composée en majorité d'habitués. Du temps de son père, on disait « Chez Charles ». Le vétéran a adapté à la mode carolo des recettes venues de Grèce, dont

Le quartier comptait quatre cinémas et le tram vert ferraillait sur les rails brillants.

son lapin à la grecque, aux herbes aromatiques. Evgenios n'a pas oublié Christo, qui fut le pionnier de la cuisine grecque *made in* Charleroi. Rue Turenne, en contrebas de l'hôtel de ville, il garnissait jusqu'au petit matin ses grandes assiettes de feuilles de vigne, de tomates, de feta, de pain plat et de rêves de voyage. Bob Dechamps tenait encore son magasin de disques au boulevard Paul Janson et une baraque à frites réchauffait les voyageurs des trams verts qui descendaient au monument. Branchée sur une fréquence hellène, la radio alterne paroles et musiques. Rhodes, l'île d'Evgenios, n'est plus si loin. Chaque été, c'est sacré, il retourne voir la famille. Au départ de Gosselies.

Gilly, c'est un peu la Grèce, l'Espagne, le Maroc, la terre entière. Et c'est ce qui rend passionnant ce voyage où, grâce au vélo, on perçoit les odeurs, entend les sons, encaisse la hauteur des pentes avant le vertige des descentes. Les gens ont toujours un mot à échanger. Ils brodent leurs pas sur ceux qui marchèrent avant eux dans ces décors. Des paysages qui, comme les humains, résultent de la superposition des couches de briques, d'asphalte et de souvenirs. « *Toudis su'l voye* », chante Dunker.

Parmi les bacs fabriqués avec des palettes de récupération, les acteurs du jardin du comité de quartier des Haies réinterprètent un mode de vie. Dans le terreau qui remplit ces morceaux de potager poussent la coriandre, le cresson, le laurier, des navets, topinambours, radis, tomates de toutes les espèces, dont la cœur de bœuf. « On fait des boutures de figuier », dit John en tendant la main aux cyclistes qui s'engagent dans cet éden. En toile de fond, du mur de l'athénée royal, des portraits brossés sur la brique patinée nous regardent de haut. Arthur Rimbaud, Victor Hugo, Albert Einstein, Léonard de Vinci, Wolfgang Amadeus Mozart. Leur esprit souffle sur ce potager qui a germé voici deux ans sur le terrain vague jonché de détritus. À entendre ceux qui font vivre ce jardin, cet élan créateur a essaimé. Photographe qui ne rangera jamais ses objectifs, John fut parmi les premiers qui s'engagèrent avec des gens du quartier pour créer ce lieu. Geoffroy, toubib, suit le projet depuis le début. Les deux maisons médicales de Gilly soutiennent le jardin. Philippe, le préfet de l'athénée, a autorisé l'usage de l'espace ainsi que l'accès à un local technique. Des cuves permettent de récupérer l'eau de pluie. Un compost produit un terreau friable comme du gâteau sec. Les enfants des écoles associées au jardin aiment la soupe aux légumes récoltés sur place. Les voisins déposent leurs épluchures pour le compost.

Sous une pergola appuyée au mur des artistes, un thermos de café pousse à la conversation. Un ancien bourgmestre amoureux de Gilly est venu, parce qu'il avait appris le passage de Paul. Ils écoutent la cheville ouvrière du réseau Jaquady. Charleroi compte 16 jardins partagés et 10 sont en attente. Le phénomène pousse à la vitesse des mauvaises herbes. Drôle de manière de voir la nature. Des mauvaises herbes, c'est quoi ? Toutes les plantes ont un rôle à jouer. Comme les personnes. Vous avez goûté la soupe aux orties ? Il faut les couper jeunes, fraîches, et elles distillent une saveur d'aube. Discret, à l'écoute, le toubib pense que s'occuper d'un

Gilly, c'est un peu la Grèce, l'Espagne, le Maroc, la terre entière.

jardin participe de la prévention des maux de santé. Pour vivre, il faut respirer. Créer. S'épanouir au contact des autres. Sans chaleur humaine, un enfant ne grandit pas. Il en faut de l'amour pour devenir adulte et donner de l'amour à son tour. Au moment de reprendre les bécanes, John prend une photo de groupe, devant le jardin. Faire bloc. Toujours.

Chambres avec vue au Sacré-Français.

La circulation devient plus dense. Vite, filer vers Dampremy, au terril du Sacré-Français. On remonte sur la chaussée de Gilly, défile devant le gazomètre et le dépôt des TEC, laisse Ville 2 et le complexe multisalles Carollywood devenu Pathé, du nom de la grande société de production française pionnière du cinéma, pour saluer le Marsupilami avant de redescendre vers la Broucheterre et la Planche. Reste à changer de braquet pour se hisser au faîte de la rue des Français et rallier le Centre Fourcault et le CEME, le Centre de congrès de Charleroi. Au Fourcault, des sportifs fréquentent le hall où l'on pratique le basket, la danse, le kung-fu, le karaté, le tir à l'arbalète ou le futsal. De ce point haut de Dampremy, l'impression de marge se confirme aux abords des 20 hectares du terril. C'est là que devrait sortir de terre un nouveau quartier, qui se greffera sur l'ancien.

Nathalie, consultante en aménagement territorial, et Chantal, architecte venue à vélo de Marcinelle, défendent le projet de la société Valimo. Cette dernière possède

100 hectares de terrils à Liège et 200 à Charleroi, dont le Sacré-Français. Sa silhouette est celle d'une colline au sommet raboté après le retraitement du site. D'où une configuration permettant d'imaginer deux rues en arc de cercle longeant la partie basse. Quant au plateau sillonné de sentiers, il est surmonté par le dôme, balcon avec vue imprenable sur Charleroi. À 360°, tournant sur soi en toupie, le panorama carolo se découvre avec la précision de Google Street View. En y ajoutant des couleurs naturelles, la lumière et la griserie de la balade au grand air, entre herbes folles et fleurs sauvages. En bas, la rue du Warchat aligne ses maisons jusqu'à la chaussée. Axel, qui a grandi dans le coin, en garde un souvenir ébloui. Devant nous, la masse du CHU Marie Curie ressemble à un paquebot à l'ancre. Le Makro apparaît au bout d'une bretelle de l'autoroute urbaine qui va sur Jumet.

Nathalie, chaussures de rando aux pieds, défend l'idée de créer un nouveau quartier au Sacré-Français. Central, l'emplacement est bien desservi en moyens de communication. « Il faudrait que nous arrivions à persuader un promoteur de se lancer dans la construction des premiers immeubles. Ceux que nous emmenons ici tout en haut sont convaincus du potentiel du site. Mais l'image de la ville et la perspective d'un renouveau immobilier encore un peu lointain freinent leur enthousiasme. Des candidats se sont manifestés, encore faudrait-il que l'un d'eux se décide à croire à l'avenir de la ville… »

Avec ses plans et sur une carte, l'architecte précise les contours du projet. Au bout des rues, devant la route et le parking du CEME, une nouvelle place ferait le lien entre le vieux quartier et le nouveau. Pour rejoindre la gare de Charleroi-Sud, le vélo est imbattable à l'heure de pointe. Quelques minutes et se profile le Viaduc. Devant la gare, un bus démarre pour l'aéroport.

Mercredi 27 septembre

Mémoire de Pino Cerami et de Paris-Roubaix.

Il est 15 heures à Couillet, une douceur d'été indien imprègne le parking en cours de parachèvement de la grande surface Bio-Planet. Entre le pont de Philippeville et le centre commercial Bellefleur, ce nouvel espace, bâti sur une friche que longe la voie ferrée Charleroi-Namur, s'ouvre sur la double silhouette des châssis à molettes d'un charbonnage oublié. Le site regroupe déjà quelques commerces. Morceau après morceau, le puzzle se complète. Les zones vides accueillent un premier projet, le phénomène de la boule de neige s'amorce, des activités naissent. Chaussée de Philippeville, la circulation se renforce, nous passons devant les anciennes installations de la Société wallonne des eaux (SWDE), où s'ouvrira bientôt un skatepark dans le cadre d'un pôle des arts urbains.

Ouverte à tous les vents, une porte latérale permet de pénétrer dans la nef en perdition.

Non loin d'ici, le grand Pino Cerami avait fait de son magasin de vélos un rendez-vous d'amateurs éclairés. On le surnommait « Il Gregario », car il seconda longtemps les plus grands champions, dont il fut. En 1960, il gagna Paris-Roubaix et la Flèche wallonne. Fidèle au Tour de France, il s'offrit encore une victoire d'étape peu avant de prendre sa retraite. Fausto Coppi était son modèle et il abattit des kilomètres en luttant contre Jacques Anquetil et Rik Van Looy. Chaque année, dans la région de Mons-Borinage, le Grand Prix Pino Cerami rappelle quel sportif il était. Pino s'en est allé à 92 ans en laissant derrière lui un exemple de volonté et de bonne humeur. Adieu Pino, pensons-nous en recoupant la route de Châtelet, au-delà des Quatre-Bras.

Les gens du voyage nous attendent…

La Ville vient d'autoriser une communauté à s'installer jusqu'à la fin octobre sur un terrain encadré d'arbres situé derrière l'église du centre, le parc et le centre d'examen du permis de conduire. Paul tient à rencontrer le chef de ce clan de 150 personnes. Avec leurs camionnettes, caravanes et voitures, ils ont créé un quartier éphémère. Installé sous l'auvent de sa roulotte blanche, un homme en tee-shirt blanc immaculé fait signe de venir à lui. Manuel, chef de cette famille de Manouches, a pris contact avec la Ville et organisé le séjour dans ses moindres détails avec les services concernés.

Sabah nous rejoint. Elle assure le relais entre les voyageurs et les autorités. Le chef lui serre la main : respect. Le bourgmestre et le chef entament un long entretien portant sur la vie des nomades et leurs rapports avec les sédentaires. Un contrat pas seulement moral a été passé entre les voyageurs et la Ville. Des conteneurs de l'ICDI récolteront les déchets, le terrain dispose de l'eau et a été raccordé à l'électricité. ORES est passé. Tout sera payé par les locataires du site. Qui, après trois semaines, reprendront la route, en quête d'un autre endroit où s'installer. Puis viendra l'hiver et au printemps, la route à nouveau.

Selon Manuel, les gens du voyage se heurtent depuis une éternité à la crainte des gens enracinés qui ont peur de voir leur quotidien perturbé par des étrangers, même si leur présence est éphémère. Les Gitans traînent derrière leurs roulottes des remorques de clichés qu'il est difficile de dépasser. En vérité, explique notre hôte, comme dans toute société, des gens incorrects se glissent dans une majorité de personnes qui ne demandent qu'à vivre tranquillement en respectant les autres.

« Nous avons nos tombes à Orp-le-Grand… »

Paul conseille d'organiser une fête où les Manouches partageraient leur culture avec les gens du quartier. Il y aurait de la musique, un barbecue, des récits, un moment partagé pour aller au-delà des clivages. « Tout est toujours à refaire », déplore le chef. « On nous voit comme des voleurs de poules et de bijoux, mais nous avons des métiers. » Il montre sa camionnette décorée de la publicité de son entreprise de couverture de toits… « Et mon épouse fait les marchés avec des textiles. » En 2003, il se souvient d'avoir participé à une action, à Nivelles. Cent caravanes

Django Reinhardt naquit à Liberchies, dans la caravane familiale.

ont bloqué la route pour dénoncer le manque de lieux où s'arrêter dans des conditions décentes. Un ministre était venu écouter les gens du voyage. Aujourd'hui, à la Région wallonne, une cellule traite les dossiers des nomades, mais peu de villes les tolèrent. Due à cette incertitude, une forme de pagaille se développe, n'arrange rien. Il se tourne vers Sabah. Sa connaissance des familles, des besoins et devoirs des uns et des autres permet d'aplanir bien des difficultés. « Nous avons des racines en Belgique, nos tombes à nous sont à Orp-le-Grand », avance Manuel.

Après l'hivernage, les caravanes tournent à travers la Belgique, la France, l'Italie, l'Allemagne. Il fait la différence entre les Roms, les nomades de l'Est, et les Manouches, qui sont de nos contrées. Ils se respectent. Né à Nice, Manuel évoque son fils né à Bruxelles. « Nos parents nous ont appris le respect de la nature et d'autrui. Nous sommes identiques aux sédentaires sauf qu'on bouge, nous les Tsiganes. » Un point d'eau est vital, comme un réceptacle pour les déchets. Le rêve serait de voir le territoire quadrillé de terrains accessibles, équipés, occupés dans un cadre légal. Pas question de débarquer sans prévenir les autorités. La taille idéale serait un terrain capable d'accueillir une quarantaine de caravanes. On en vient à la culture. Django Reinhardt naquit à Liberchies, dans la caravane familiale. « On est fidèles au festival », dit le chef. Revenant aux valeurs, il explique que, jamais, on ne laisserait tomber celui qui a sa voiture cassée, alors que les autres remontent sur la route. Si un membre de la famille est hospitalisé, d'autres resteront dans les parages pour qu'il ne se sente pas seul au monde.

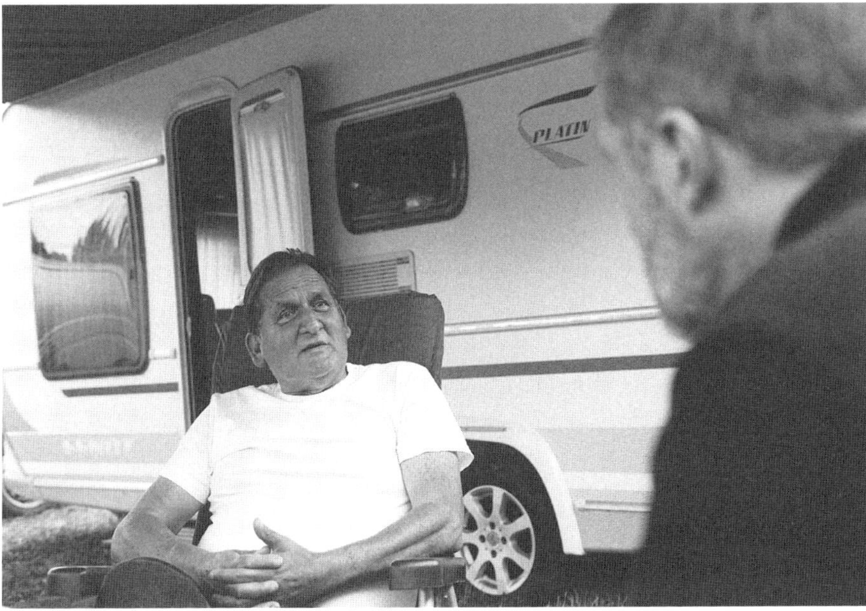

Les mots « Nous avons nos tombes… » reviennent à plusieurs reprises.

Manuel offre de l'eau et des jus de fruits, poursuit ses explications. Les enfants suivent des cours par correspondance. Apprennent un métier, souvent celui de leurs parents. Une quarantaine d'enfants vivent sur la route. Des écoles les accueillent lors des séjours plus étendus. Les mots « Nous avons nos tombes... » reviennent à plusieurs reprises. « Nous vous connaissons », dit Sabah. Tous les Tsiganes ne sont pas aussi disciplinés. Ce qui explique les réticences. À Charleroi, un débat du conseil communal sera consacré à la décision d'établir un camp de passage, avec de l'eau, des caillebotis, la possibilité de raccordement électrique. Un terrain permanent ? Avancer par étape est plus sage. « Nous sommes pourchassés depuis mille ans », constate un ami venu se joindre à l'échange. Les gens du voyage cristallisent tous les rejets. Ils ont souffert sous le régime nazi et des centaines de milliers de Tsiganes sont morts dans les camps d'extermination. Toujours, il leur faut réexpliquer qu'ils viennent d'Inde, forment un peuple éparpillé, qui se sent mieux en chemin qu'enraciné.

Le Roctiau plaide pour sa maison de quartier.

Après le campement, nous longeons le parc, passons devant les bâtiments de l'asbl Terre, regardons passer un train de marchandises, suivons la chaussée. Pour arriver devant le bâtiment Solvay qui est un désastre. Cet édifice de briques noircies fut un haut lieu culturel et social. En 1937, la société Solvay, qui produisait de la soude à Montignies-sur-Sambre, décida de construire une salle destinée au personnel et au public. Elle comportait une piscine, une salle de spectacles, un restaurant. Dans les années 1990, alors que la crise avait frappé les verreries, les savonneries et le textile, la soude n'était plus très demandée et l'usine mère de Solvay fut condamnée. Le groupe céda à titre gratuit le vieux « Casino » et sa piscine à l'Université libre de Bruxelles qui, après quelques années, renonça à l'utiliser. D'où la revente à une association qui a entamé des travaux pour les laisser en plan. Confrontée à cette incurie, Charleroi a pris un arrêté du bourgmestre, procédure exceptionnelle permettant au moins de nettoyer et sécuriser les abords. La facture sera adressée au propriétaire. Gros problème, l'asbl propriétaire a annoncé sa mise en liquidation. La Ville pourrait-elle se permettre de récupérer le bâtiment classé ? Pour en faire quoi ? Un hall omnisports, un centre culturel ? Si l'opération se justifie, il faudra la financer.

La silhouette de l'ancienne piscine où tant de Carolos ont appris à nager est gravée dans l'imaginaire et le paysage de la métropole. Ouverte à tous les vents, une porte latérale permet de pénétrer dans la nef en perdition. Vitres brisées, murs lacérés, peintures recouvertes de graffitis. Avec son fond crevé comme une baignoire trouée, la grande piscine laisse deviner le sous-sol. Malgré ces dégâts, l'endroit dégage encore une certaine aura, celle du temps où la salle de conférences était occupée par le public, où la piscine retentissait des cris des enfants des écoles et des membres d'un club de plongée qui mena des expéditions en Méditerranée.

Là où des Carolos se mobilisent.

En sortant de ces vestiges, on reprend la route pour franchir la Sambre via le pont qui surplombe les installations de l'ICDI. « On va là où des Carolos se mobilisent », explique Paul en remontant vers la place Albert Ier pour rallier le Roctiau. Excentré, le quartier occcupe les confins de Montignies-sur-Sambre, Gilly et Châtelineau, près du pôle commercial de Cora. Au milieu de l'écheveau des rues, l'école maternelle du Roctiau n'occupe plus qu'une partie des bâtiments de l'ancienne « communale ». Le reste est voué aux permanences de l'Office de la naissance et de l'enfance (ONE), au projet en gestation de la salle de boxe de la famille Garcia et à l'espoir de la renaissance de la maison de quartier. Ce jour-là, autour d'Etelvina, qui représente l'ONE, des citoyens attendent le bourgmestre.

Dominique, Johan et Thérèse forment un noyau actif. La Ville leur a confié la clé de l'ancienne maison de quartier, fermée voici deux ans. Multiplicité des dossiers qui s'accumulent ? Pas d'accord, Etelvina plaide pour un lieu où les gens du coin puissent se retrouver, donner un souffle nouveau à un quartier qui se sentirait en marge. Les banques se raréfient, plus de bureau de poste, ni de police, distributeurs de billets rarissimes. Dur pour les personnes âgées ou sans véhicule. Heureusement, la maternelle fait le plein d'enfants. Une balade dans les parages permet de constater que la chapelle de l'ancienne école Saint-Joseph a été vendue. Qu'en fera le nouveau proprio ?

Rue du Moulin, la circulation est intense aux heures de pointe. De Cora au centre de Montignies, les bus et les voitures esquivent le centre de Charleroi. Sur une maison, un écriteau dénonce : « Bus = séisme ». Paradoxe, alors que les villes ont plus que jamais besoin d'un solide réseau de transports en commun. À une fenêtre, des affiches annoncent la dixième biennale des artistes montagnards et une grande brocante. À l'arrière du site de Cora, un jardin public que l'on croirait à la dérive offre un espace destiné au sport et des jeux pour enfants. Un couple est assis sur un banc. La maman vient à l'ONE. Etelvina demande des nouvelles du petit de 5 mois qui dort dans sa poussette. Le site devra être nettoyé, des équipements remplacés. Le vandalisme fait des ravages. Des adolescents trouvent ici un espace de liberté, avec des arbres, mais il faudra se retrousser les manches pour l'améliorer. Si la maison de quartier reprend ses activités, elle offrira une école de devoirs, un espace jeunes et un rendez-vous pour les joueurs de carte. Les idées ne manquent pas, elles ont besoin d'un cadre pour se fixer. Punaisée sur une porte de la maison qui a fonctionné pendant 20 ans, une photocopie reprend une photo de Martin Luther King et cette déclaration : « Ce qui m'effraie, ce n'est pas l'oppression des méchants, mais l'indifférence des bons. »

La lumière décline, les vélos se faufilent de rue en rue, la chaussée de Philippeville est à la limite de l'apoplexie, engluée dans une marée de bagnoles. Une route rapide de délestage est dans les cartons, mais elle tranchera dans le vif du territoire ce qui divise les citoyens. Concilier des points de vue divergents ou le casse-tête chinois.

Charleroi, ville ouverte

Charleroi n'est pas, comme on le prétend parfois, une ville sans histoire, elle est plutôt, comme le dit le slammeur carolo Mochélan, une « ville issue d'une belle histoire mais que l'on a mal racontée ». Parce que l'histoire des sans-grade passe toujours au second plan. À nous, Carolos, amoureux de notre cité sambrienne, de la raconter mieux. À nous, Carolos, de faire fructifier les qualités morales que notre turbulente histoire nous a léguées.

Il y a des villes où le poids du passé est si lourd qu'elles semblent figées, pétrifiées, paralysées dans un patrimoine immuable, des conventions indiscutables et des autorités établies. Ici, au contraire, personne ne dicte sa loi aux autres sous prétexte d'antériorité. Ici, on n'est pas écrasé par la pesanteur des traditions imposées et le poids des conservatismes. Ici, on n'est pas prisonnier d'un passé si prétendument glorieux qu'il interdit toute initiative nouvelle. Ici, ce ne sont pas « les imbéciles heureux qui sont nés quelque part », comme disaient Georges Brassens, qui imposent leurs vues. Parce que Charleroi n'a que 350 ans, elle n'est pas endormie dans la nostalgie, elle n'a pas atteint cet âge vénérable où l'on passe plus de temps à se remémorer ses brillants souvenirs qu'à vivre le temps présent. Charleroi est une demoiselle qui vit intensément le temps présent, qui sait que sa vie est devant elle, que son histoire est encore largement à écrire.

La force de Charleroi, c'est aussi de se réinventer sans cesse. Chaque année, ce ne sont pas moins de 10 000 hommes et femmes qui s'installent à Charleroi, et autant qui la quittent. Sur l'espace d'une mandature communale, ce n'est pas moins d'un tiers de notre population qui aura changé. En l'espace d'une génération, notre ville aura vu passer 200 000 habitants nouveaux, autant qu'elle en compte aujourd'hui.

Ce mouvement est à la fois une immense chance et un immense défi. Une immense chance parce qu'une ville dont la population est si mobile se régénère sans cesse. De nouveaux visages arrivent, de nouvelles idées jaillissent, des rencontres se nouent, des enfants naissent, des projets se forment, et l'antique tradition carolo de l'accueil se reconstitue chaque jour.

Mais ce mouvement est aussi un immense défi. Celui de reconstruire la civilité au quotidien. La civilité, c'est un vieux mot, qu'on n'utilise plus beaucoup, mais qui est pourtant essentiel. La civilité, c'est l'âme d'une ville. Ce qui fait qu'elle n'est pareille à aucune autre. La civilité, c'est une certaine manière de marcher en rue, de s'asseoir un instant, de regarder passer les gens, de les aborder, de leur proposer de l'aide. La civilité, c'est arriver à trouver la bonne distance avec les autres habitants de la cité, ni trop près pour ne pas empiéter sur leur intimité, ni trop loin pour ne pas laisser s'installer l'indifférence et la solitude. La civilité est une culture urbaine, en d'autres termes. Une manière de se comporter dans l'espace public et dans les rapports avec les autres.

C'est une matière très compliquée parce qu'impalpable et profondément subjective. Les gens ne marchent pas de la même manière dans la rue à New York, à Pékin ou à Dakar. Dans certaines villes le regard est fuyant, dans d'autres il est ouvert et bienveillant. Dans certaines villes on parle spontanément aux inconnus, dans d'autres on les ignore ou on les fuit. Dans certaines villes il est normal de fumer ou de cracher en rue, dans d'autres c'est mal vu, voire interdit.

Dans certaines villes les hommes et les femmes se mélangent, dans d'autres chacun possède son domaine. Dans certaines villes, quand on croise une connaissance, on l'embrasse et on lui tombe dans les bras ; dans d'autres, on n'ose à peine se serrer la main, et l'on se salue timidement d'un vague hochement de tête.

La civilité de Charleroi est depuis toujours marquée par une grande franchise et une grande ouverture. Le Carolo a le pas franc, le regard attentif au monde extérieur. Il apostrophe facilement le chaland, il a la conversation facile, l'entraide lui est comme une seconde nature. Le Carolo est un être sensuel, qui aime la rumeur et le parfum de la ville, le contact avec autrui, les fermes poignées de main et les rudes accolades. Le Carolo mange, fume et boit en rue, siffle et chantonne. Le Carolo aime surtout, plus que tout, les bisous ! Dans la rue, dans les bureaux et les usines, dans les écoles ou dans les bus, tout le monde s'embrasse à Charleroi.

Mais, au-delà de ce détail, reconnaissons que notre tradition de civilité ne va pas de soi, elle s'entretient. Rien ne disparaît plus facilement que la confiance mutuelle et la sympathie naturelle. Si l'on n'y prend garde, la peur, la défiance et le mépris se diffusent comme un poison violent en moins de temps qu'il en faut pour s'en rendre compte. On est un jour effrayé par le regard insistant d'un inconnu dans la rue, ou par une apostrophe verbale un peu trop directe, et l'on commence à se sentir moins à l'aise. Une silhouette dans l'ombre nous inquiète, et on se surprend à éviter des lieux que l'on a pourtant fréquentés depuis toujours. La civilité alors disparaît, et très vite rien ne va plus. Soyons conscients de la fragilité des choses. Soyons conscients que ce qui nous paraît acquis aujourd'hui, notre formidable chaleur humaine et notre proverbial sens de l'hospitalité, tout cela peut s'évanouir en un instant.

La civilité se construit au quotidien, et les services publics, les services publics communaux et paracommunaux en particulier, en sont le premier soutien. La ville tous les jours se nettoie, s'entretient, ramasse ses déchets, prend soin de ses espaces verts. La ville et les services publics locaux veillent sur les enfants dès le premier âge, assurent leur instruction, les marient, les domicilient, les distraient, les sécurisent, les soignent, les soutiennent dans leur grand âge et les accompagnent vers leur dernière demeure. La ville et ses prolongements sont à nos côtés du premier au dernier instant de notre existence. Il faut rendre un vibrant hommage à ces discrets héros du quotidien que sont les agents des services publics locaux, sans qui la ville et son âme se désagrégeraient.

L'autre grand fleuve de la civilité, c'est la fête. Le grand brassage social par excellence : dans la fête, les différences d'âge, de statut, d'origine, se dissolvent. Les émotions partagées, les joies collectives, les enthousiasmes communs ont cette formidable vertu de placer tout ce qui rassemble les hommes au-delà de ce qui les divise, de nous ramener, en quelque sorte, au fondement de notre sociabilité. Faire la fête n'est pas, comme le pensent les âmes grises, se détourner du réel, bien au contraire, rien n'est plus réel que la fête. C'est là qu'on éprouve les plaisirs terrestres et les contacts humains. Faire la fête n'est pas oublier le quotidien, au contraire c'est le bâtir, car dans la fête se forment des sensations et des liens qui sont la matière la plus puissante de la civilité.

Mardi 3 octobre

Dupuis, BD, 3D, DreamWall.

À Marcinelle, ce matin, le soleil tapisse la Grande Chenevière et la façade de la demeure qui abrite le centre de santé. Dans quelques jours, la maison médicale sera inaugurée, après une courte année de rodage consécutive au déménagement dans des locaux plus adaptés. Nancy, qui accueille les patients, décrit en quelques phrases le parcours de cette association. Outre le service administratif, des médecins, kinés, infirmières, une pédicure et un sophrologue animent le centre. Dans la salle d'attente aux murs clairs, une famille s'apprête à rencontrer un des praticiens. À Charleroi, depuis plusieurs décennies, les maisons médicales fondent leurs efforts sur la prévention et l'accompagnement de la patientèle. Au-delà des soins, l'idée est de soutenir la personne dans son milieu. L'aider à ne pas tomber malade, comme on dit. Soigner, c'est considérer aussi la personne confrontée aux pathologies de la société. Empêcher la chute progressive. Chaque maison médicale a sa personnalité, modelée par ses praticiens, ses animateurs, son enracinement, ses patients. Paul ne passe pas ici par hasard, il est fidèle à la médecine que défendait son père quand il se lança dans la quête existentielle de l'Autre Maison.

Glissade en roue libre jusqu'à la rue Destrée, parallèle à la chaussée de Philippeville. Quartier calme, proche du centre et de la gare. À hauteur du 52 se profile le parallélépipède de Dupuis. De l'autre côté de la rue se trouvait l'entreprise familiale historique. Elle a fait place à un Delhaize situé entre la chaussée et le centre de Marcinelle. Autrefois, le vaste immeuble servait au stockage des albums sortant des rotatives. Lors du rachat par le financier carolo Albert Frère, l'impression fut transférée dans une nouvelle unité, dans la zone d'activités de Martinrou à Fleurus. Après sa cession par l'homme d'affaires, la maison Dupuis s'est redéployée dans le contexte du groupe Média-Participations, en France et en Belgique. Dans le bâtiment de Dupuis, les entrepôts ont été restructurés pour héberger les start-up DreamWall et KeyWall. Spécialisées dans les métiers de la télévision, elles ont créé des studios classiques et virtuels. Une dizaine d'opérateurs télévisuels, d'AB3 à Télésambre, en passant par la RTBF, opèrent dans ce vaste espace. À l'étroit au boulevard Tirou et à la place de la Digue, après le départ du Passage de la Bourse, la RTBF cherchait une solution à son problème de locaux. À Charleroi, qui cultive une approche pragmatique, plutôt que de construire

Des geeks, à leurs écrans, ont l'air de moines copistes du XXIe siècle.

du neuf à grands frais, un cocon fut conçu dans les entrepôts, renouant avec une fonction digne de l'école de Marcinelle qui marque l'histoire de la bande dessinée.

Le film *Le Petit Spirou* a été réalisé ici. Sur un plateau comportant une cuisine aux lignes épurées, on enregistre *Max et Vénus*, une émission culinaire de la RTBF. Maximilien, chef étoilé, ancienne gloire de *Top Chef*, donne la réplique à Fanny, animatrice sympa. Ils forment le duo chargé d'enseigner la confection rapide d'un repas de qualité sans grever le budget familial, tout en abordant divers thèmes du quotidien. En toile de fond du studio, une grande image de Charleroi. Avec le dôme doré de la basilique Saint-Christophe, le soleil rouge au crépuscule, le ciel ourlé de nuages meringués, on dirait Florence. C'est ici encore que l'on enregistre *C'est du Belge*. Un couloir plus loin, Marie-Pierre, météorologue de la RTBF, prépare ses bulletins pour une série de programmes radio. Ailleurs, silence, on tourne. *Facility manager* chez Dupuis, Alex veille à ce que les sociétés locataires travaillent dans les meilleures conditions. Champion de la logistique appliquée, il nous emmène dans un atelier où des geeks, à leurs écrans, ont l'air de moines copistes du XXIe siècle.

Crêpe Café de Paris à l'école hôtelière.

Quelques centaines de mètres plus loin, un écrin vert proche du marché vespéral abrite l'école hôtelière de Charleroi, qui enseigne aussi le tourisme. Pour permettre aux étudiants d'appliquer leurs connaissances, un restaurant est ouvert dans l'institution. Il est accessible les jours de semaine à midi. Du secondaire au supérieur, les élèves apprennent les secrets de la cuisine et du service en salle dans la réalité qu'ils connaîtront très vite. Selon leur niveau, ils passent d'un secteur à l'autre. Aux professeurs de vérifier, sous le regard de clients gastronomes, si la matière a été assimilée. Cette filière qui se fonde sur l'exemple donné par les enseignants conduit à des emplois. Motivés, n'ayant pas peur de travailler, ni de faire des heures, les diplômés décrocheront vite un job, affirme le directeur. La demande dans le secteur Horeca est permanente, les contraintes connues.

Assister à la préparation d'une crêpe Café de Paris, avec l'explication de la recette par le professeur, comme si on était des élèves, vaut bien des émissions culinaires. Flamber une crêpe, c'est l'art de manier la poêle de cuivre où le beurre grésille, d'insérer au juste moment la glace au moka dans le chausson de pâte. Après le prof, l'étudiant se lance et s'en sort avec élégance. Le client qui a commandé ce dessert applaudit en connaisseur. La même scène se reproduit avec la présentation d'un dos de cabillaud à la sauce mousseline. Tout aussi savoureux que le carpaccio de thon servi en entrée. La salade de fruits est soulignée d'une touche de menthe fraîche.

Pour brûler des calories, la côte du Bois du Cazier est efficace. Avant ce col marcinellois, la rue de l'Énergie étend son enfilade de façades de brique. À hauteur du 64, des noms gravés dans le cuivre des pavés sertis dans le trottoir forcent l'attention. Michel Wislitski et son épouse Frymeta Ginsberg,

Flamber une crêpe, c'est l'art de manier la poêle de cuivre où le beurre grésille, d'insérer au juste moment la glace au moka dans le chausson de pâte.

déportés et assassinés à Auschwitz, vécurent dans cette demeure. Les rues des villes sont comme des séquences de reportages de journaux télévisés, l'improbable mélange des choses de la vie. Tout en haut de la rue Florian Montagne, la vitrine des Délices d'Ezia exerce un attrait exotique : feta, olives mûries au grand soleil et miel aux herbes des îles de la Méditerranée.

Douze arbres en haut du Bois du Cazier.

Monument carolo, la grille du charbonnage du Bois du Cazier protège le site reconnu par l'Unesco en tant que patrimoine mondial de l'humanité. Des mains de femmes et d'enfants s'accrochèrent à ces barreaux du 8 au 23 août 1956. À la fin d'une insupportable attente, quand les sauveteurs remontèrent, Angelo Berto hurla ces mots qui anéantirent tant d'espoirs : « *Tutti cadaveri* ! » Deux cent soixante-deux hommes de douze nationalités trouvèrent la mort dans la terre de Marcinelle. La catastrophe projeta sous une lumière crue des conditions d'exploitation que l'on aurait pensées d'un temps révolu. En Italie, la date du 8 août est liée aux risques pris au travail, en mémoire de Marcinelle 1956. Chez nous, les mineurs écrivirent une grande page de notre histoire en risquant leur peau pour tenter de ramener leurs amis au jour. Tous ont contribué à forger l'esprit carolo, fraternel et tolérant.

Parmi la centaine de sauveteurs, Angelo Galvan, qui habitait une maison proche de la grille, entra dans la légende en tant que « Renard du Bois du Cazier ». La lutte qu'il mena jusqu'au bout de ses forces fit de cet homme qui fuyait toute gloire un héros de Charleroi. Une rue porte son surnom, à Mont-sur-Marchienne, c'est un bel hommage rendu par la Ville. Galvan était devenu chef-porion parce qu'il alliait volonté et intelligence et se rendait aux cours du soir de l'Université du Travail. Chaque année, des dizaines de milliers de visiteurs et de pèlerins découvrent le centre historique du Cazier. Le mémorial de 1956, le musée de l'Industrie, les forges et le musée du Verre font de ce lieu veillé par ses deux châssis à molettes un site de conscience reconnu internationalement. Avec Ellis Island, à New York et le musée maritime de Gênes, le Mu.Ma.

Derrière le Cazier, un chemin pentu monte au sommet du grand terril. Il est jalonné de douze arbres, un par nationalité : palmier pour l'Algérie, chêne pour l'Allemagne, frêne pour la Grande-Bretagne, tilleul pour la Belgique, hêtre pour la France, platane pour la Grèce, un autre chêne pour la Hongrie, peuplier pour l'Italie, sorbier des oiseleurs pour la Pologne, bouleau pour la Russie, poirier pour l'Ukraine et saule pour les Pays-Bas.

D'en haut, à force de s'imprégner du paysage, une géographie des souvenirs d'hier et des jours d'après se dégage. Des enfants qui lisent une carte d'état-major entament la conversation. Morgan, Victor, Robin et Leuton, écoliers de Genappe, apprennent sur le terrain ce que fut le labeur des mineurs et découvrent le Grand Charleroi. Leur émotion, ils la répercutent, le temps d'un échange trop court parce qu'in-

Peut-être un matin, le 8 août, viendront-ils se recueillir en écoutant la cloche sonner 262 fois.

tense. Plusieurs d'entre eux n'avaient pas connaissance des métiers industriels. Venus au monde bien après ce temps-là, le courage des mineurs leur donne matière à réflexion. Peut-être un matin, le 8 août, viendront-ils se recueillir en écoutant la cloche sonner 262 fois, tandis que les noms des victimes seront égrénés à haute voix par une femme. Un moment où il est impossible de ne pas penser à toutes les victimes dont jamais on ne prononce le nom, alors que les réfugiés sont sur les chemins tragiques de l'exil.

« Ramène ta fraise » à la Cité Parc.

À deux pas du Cazier, la Cité Parc a été construite dans les années 1960. C'est après la catastrophe que les barres d'appartements ont poussé là où s'étendaient des prairies. Les conditions de vie des émigrés avaient choqué l'opinion. Il fallait proposer au peuple des logements dignes de ce nom. Mille personnes font de ce quartier un bourg vertical. Au pied d'une des tours veillées par des haies de peupliers, des représentants de l'équipe des bénévoles du jardin partagé attendent le bourgmestre. Ce jardin-ci, appelé avec humour « Ramène ta fraise », en est à sa première saison, mais grandit vite. On y voit une fleur en plastique tourner au vent, comme à la mer du Nord, dans les maisons des dunes où rêvent les enfants. Georges, citadin né en Thudinie, qui a eu la chance d'avoir le poète Roger Foulon pour instituteur à Strée, retrouve ses racines en travaillant la terre. Boulanger de profession, il voue le plus grand respect au grain de la meilleure qualité qui permet de faire du pain costaud. Retraité, il ne voit pas le temps passer, car il se passionne pour la permaculture, cette notion de jardinage à l'ancienne, déjà rencontrée lors de ce voyage carolo.

Des membres de l'asbl Formidable rappellent que le jardin a été conçu lors d'une opération Été solidaire. Quatorze jeunes ont commencé par nettoyer le parc de la Cité pour finir en beauté avec cet enclos où poussent des légumes. Une clôture de bâtons reliés par des fils de fer, vieille technique des jardins anglais, a défini un rectangle sur le gazon. Pour ne pas abîmer le sol ni les dos, des bacs de la hauteur d'un établi ont été remplis de terreau et de semences.

Les gens du quartier ont compris que c'était aussi de la solidarité et le sens de la rencontre qui se renforçaient dans ce périmètre symbolique et pourtant si concret. « En tout, nous sommes plus de 50 jardiniers dont une bonne vingtaine est régulièrement présente. Les légumes sont partagés. » Le jardin n'est qu'une des facettes de l'association qui a reçu le soutien de la Sambrienne (la grande société de logement qui a reconditionné en écoquartier la cité du Centenaire, à Montignies-sur-Sambre), de la Fondation Roi Baudouin et du Conseil de participation. L'association loue un local du rez-de-chaussée de l'immeuble le plus proche pour ses activités. Tout en parlant, nous buvons une tasse de café et goûtons les choux à la crème et au chocolat dûs au talent de Georges. Au jardin, tous les habitants se parlent. Par ricochet, le projet de Charleroi, ville fertile, considérée comme un terreau pour des chantiers d'agriculture urbaine, se profile. Espace

Mille personnes font de ce quartier un bourg vertical.

Plus tard, il faudra préserver le musée d'Aldino, ce mausolée prolétaire.

Environnement cherche à mettre en réseau une série d'idées qui sont en train de germer.

Musée de la Photo, salut Aldino.

Des hauteurs de Marcinelle, le plus simple est d'emprunter le raccourci qui survole le ring pour gagner Mont-sur-Marchienne. Le musée de la Photo occupe l'ancien carmel converti en refuge de l'image fixe. Une silhouette émerge du couloir. D'emblée, Xavier nous incite à regarder les impressions urbaines de Stéphane Couturier. Cet artiste français photographie des fragments de villes inattendus pour capter leur beauté non apparente. En suivant les images, un lien s'élabore entre la Cité Parc et la photo de cette HLM d'Alger aux lignes abstraites. De cette apparente uniformité se dégage une humanité prenante. C'est beau. Certaincs dcs compositions de Couturier passeraient pour des peintures de la Renaissance. Réalistes en surface, elles résultent dans certains cas d'une superposition d'images du même sujet, ce qui leur procure une densité perceptible. Une sorte de rêve éveillé. Pour bien les approcher, ces photos demandent du temps, une concentration qui défierait l'ère du zapping. Comment regardons-nous les lieux qui cadrent nos trajectoires personnelles ? Les copains du jardin de la Cité Parc devraient voir ces œuvres. Et Couturier, comment verrait-il leur potager solidaire et leur quotidien ? Autant de réflexions qui surviennent face à une très grande photo d'une barre de logements, quelque part dans le monde où se bousculent plus de 7 milliards de destinées.

Paul repasse chez lui avant de se rendre à un rendez-vous. Axel redémarre vers sa maison qui domine la vallée de l'Eau d'Heure. En solo, au hasard de la rue des Déportés, je sonne chez Aldino. Pas le cœur de passer sans lui dire bonjour depuis qu'ensemble nous avons retracé l'histoire de sa vie pour un livre qu'il a défendu, en tenue de mineur, le dimanche au marché de Charleroi. Le chef-porion qui a construit son musée de la Mine en hommage à la Wallonie ouvre et nous bavardons un peu. La fatigue des années semble plus pesante et il ne dira plus au revoir en agitant son borsalino. Plus tard, il faudra préserver le musée d'Aldino, ce mausolée prolétaire.

Sorti de l'ombre du grand château d'eau en forme de diabolo de béton brut, franchir à nouveau le ring par la passerelle réservée aux piétons. Vélo à bout de bras, je gravis les escaliers, pour m'accouder au bastingage et regarder passer les flots d'autos. Elles coulent dans un bruit de marée montante. Rue de la Tombe, je croise Joseph, un ancien brigadier de verrerie adepte du yoga. Il m'a expliqué qu'autrefois vécut et s'éteignit là un seigneur romain. Chaque étape de ce voyage, comme les matriochkas, ces poupées russes de plus en plus petites, imbriquées les unes dans les autres, s'ouvre sur d'autres perspectives. Au fait, une épicerie russe s'est ouverte rue du Grand Central. Charleroi, ville-monde, ville-mère, prisme au travers duquel déchiffrer le présent qui s'échappe forcément.

La promesse de l'aube

Quand on se promène à la Ville haute, il est difficile de ne pas être ébahi par la beauté de ce *skyline* carolo très particulier, où la basilique et le beffroi tutoient au loin les cheminées de l'agglo et le haut fourneau, dans la lumière rouge orangée de l'aube. Il n'y en a pas beaucoup des ciels comme ça. Quand on se promène à la Ville basse aux petites heures du matin, on est sous le charme du spectacle éternellement recommencé de la ville qui s'ébroue à la fine pointe du jour. Les postiers entament leur tournée, les ouvriers ouvrent les chantiers, les livreurs déposent leurs paquets, les journaux sont imprimés, les cafés nettoient leurs glaces, les boulangers font des bâtards et, à Marcinelle Villette, on tranche le lard. Entre la nuit et la journée, il est cinq heures, Charleroi s'éveille.

Plus qu'une impression personnelle, cette image de Charleroi se réanimant dans la faible lueur du petit matin, c'est aussi une métaphore qui dit bien l'état d'esprit de notre cité. Nous sommes une ville jeune, à l'histoire chahutée certes, mais pleine d'espérance. Nous voulons croire en la promesse de l'aube, pour reprendre les mots de Romain Gary.

Nous n'avons jamais manqué d'ambition. Lors du 300e anniversaire de notre ville, le bourgmestre de l'époque, Claude Hubaux, eut cette belle formule : « Charleroi a désiré, dès sa naissance, devenir et non point demeurer. » C'est le privilège de la jeunesse. Nous ne sommes pas encombrés d'un lourd patrimoine, nous ne sommes pas confits dans des habitudes, nous ne sommes pas écrasés par le poids de vieilles familles qui, au nom de leur ancienneté, prétendent dicter leur loi à la cité. Nous sommes libres sur Sambre, et nous croyons à la promesse de l'aube.

En 1866, il y a tout juste cent cinquante ans, étouffant dans la forteresse, et n'en pouvant plus d'attendre que l'administration agisse, les Carolos démolirent eux-mêmes les derniers remparts, pour permettre à la ville de respirer.

La ville a souvent été détruite, par les militaires, les industriels ou des ingénieurs peu soucieux d'urbanité. Mais elle a chaque fois été reconstruite, avec l'audace architecturale des Victor Bourgeois, Marcel Leborgne et Depelsenaire père et fils.

Et nous recommencerons. Nous avons démoli la forteresse, dévié la rivière, bâti comme en Amérique une autoroute et un métro aériens, rasé des prisons et des bouges, alors qu'est-ce qui peut encore nous effrayer ?

Nous avons apprivoisé les terrils, autrefois crassiers, couverts de cette herbe noire qu'entrevit Verlaine en passant en train par nos paysages. Ils sont devenus de formidables réserves de biodiversité, des promenades comme on ne peut en faire nulle part ailleurs.

Lundi 23 octobre

Blade Runner au Quai 10.

En wallon, « *Qué dis* » signifie « Quoi de neuf ? ». Depuis un an, le Quai 10 a remplacé l'ancienne banque nationale. La nef de béton du bord de Sambre s'est muée en centre de l'image animée, avec son cinéma aux écrans larges qui relaient les vastes horizons du bon vieux cinémascope d'Hollywood et de Cinecittà. C'était au temps du Paris, du Trianon, du Vauban, du Marignan, du Montagne, de l'Eldorado, de l'Eden, du Palais du Film, du Coliseum, du Bled, du Turenne, du Rio, de l'Idéal et de l'Américain, salles éteintes alors que changeait la ville. Ensuite, éclorent, après l'arasement du terril de la Croix, qui dominait le haut de la cité, les toiles géantes du Carollywood, en vis-à-vis de Ville 2, cette grand-rue avec un toit et des lumières à gogo. Encastré dans l'espace qui sépare la clinique Notre-Dame et les Aumôniers du Travail, le *shopping mall* a modifié la géométrie urbaine. Pour le moment, Ville basse, entre la rivière et la rue de la Montagne qui cherche son deuxième souffle, nous avons garé nos vélos. Charleroi est une ville pour piétons. Jamais, ici, tu n'es loin de l'endroit où tu voudrais te rendre. Il fait gris, il va pleuvoir, l'air retient son souffle, à la fin du mois sonnera l'heure d'hiver. Du haut de la passerelle qui saute la rivière, les gens s'arrêtent à la tombée du jour pour suivre le soleil qui nimbe la silhouette du HF4 de Carsid.

Au Quai 10, résurgence du cinéma Le Parc, l'après-midi commence. Au moment même où il est question de la cité, dans une des quatre salles, les spectateurs découvrent le film de Denis Villeneuve *Blade Runner 2049*. Un poème visuel de 9 900 secondes où la musique, le récit, les personnages, projettent un Los Angeles du futur. L'histoire se déroule après que les humains ont épuisé les ressources de la Terre. Des êtres se battent pour défendre leur humanité. Entre neige et pluie, le soleil est voilé à jamais et le ciel gris fer. L'urbanisme s'est reconstruit sur des ruines. Dans la première partie du récit, une femme qui fabrique des faux souvenirs pour les androïdes, en y imprimant des traces des siens, évoque le réel. Forcément flou, parce que mouvant. Par opposition, les images fixes sont des empreintes de ce qui a été vécu. Comment naissent les souvenirs ?

Le patron de la brasserie du Quai 10 se bat pour faire vivre le grand café au plafond aussi haut que la salle des pas-perdus de la gare. « Italo-Carolo », fils de mineur, 58 ans, Luca a grandi dans le quartier de l'athénée Solvay et vit à Marcinelle. Avec la légèreté de Nanni Moretti traversant Rome en Vespa pour un film qui chante la Ville éternelle, il observe la lente évolution du décor de Charleroi. Féru d'architecture, il épluche les offres immobilières pour visiter les belles demeures mises en vente et s'en imprégner. À 16 ans, il a commencé Chez Monsieur Bob, au Golden Saloon, Ville haute ! Grosses moustaches style *british*, blazer, cravate, rire sonore et amour du folklore. Ensuite, Luca est passé rue de Dampremy, au Dechamps, chez le fils du célèbre chansonnier dont les sketchs sont typiques de Charleroi. Vint Le Roy, cette taverne qui jouxtait l'immeuble du *Journal de Charleroi*. Les deux maisons ont été démolies. Barrant le haut de la une, la devise du bon vieux *Journal* proclamait : « Vers la liberté par le droit, à l'égalité par la justice, vers la vérité par la science, à l'harmonie sociale par la fraternité. » Après avoir lancé le Nautilus, près de l'athénée Solvay, il a imaginé des sandwichs réputés pour leurs saveurs. Au retour d'une échappée française à Saint-Paul-de-Vence, il a ouvert une épicerie fine au Bultia, à Nalinnes, et présenté sa candidature pour la concession de la brasserie.

Hésitante, une jeune fille s'avance, elle voudrait dire un mot au bourgmestre. Sarah, 16 ans, rhétoricienne à Vauban, dit tout haut ce qu'elle pense. Ce matin, elle a vu la manifestation pour la solidarité qui a rempli la place Verte, une première pour cet espace public qui entame son parcours. Paul participait à la manif. « Avec un foulard rouge », dit-il. Prêt à recevoir critiques ou encouragements. Sarah vit à Jumet, sa famille compte six enfants. Elle se passionne pour la société,

« et m'emplit la chope immense, avec sa mousse
Que dorait un rayon de soleil arriéré. »

la cité, les problèmes de son temps. Croit à la solidarité. Pour ses études supérieures, elle hésite entre la psychologie et le droit. Le cinéma ? Cher quand on est six gosses à la maison. Avant de s'éloigner, cette confidence : « Tout autour de nous change, le monde est en perpétuel mouvement, il faut bouger pour être en accord avec son temps, faire un effort de compréhension du monde. »

Brasserie, cinéma. Plus gaming. Nous descendons les marches de l'escalier et, dans les anciennes salles des coffres, pénétrons dans l'univers des jeux vidéo. Cofinancé par l'Europe, la Région wallonne et la Ville, le projet « gaming » du Quai 10 veut guider l'accès à ce média majeur actuel. Les jeux vidéo créent une nouvelle manière de vivre avec les images animées, constituent un énorme marché commercial, jouent un rôle culturel moteur. D'où l'importance d'apprendre à maîtriser ce langage. Julien explique l'enjeu majeur du gaming à des étudiants montois de l'école supérieure Arts[2]. Et Paul relie ses propos au travail des créateurs d'images croisés dans les studios de DreamWall, chez Dupuis. Culture, économie, éducation. Le puzzle se complète.

L'ombre d'Arthur Rimbaud.

Du Quai 10, par la rue de Charleville, on se retrouve place Buisset. Une borne rappelle qu'Arthur Rimbaud, arrivant à pied de Charleville par la route de Philippeville, s'arrêta au numéro 2. Le café faisait quasi l'angle. Le bâtiment a disparu.

À 17 ans, début octobre 1870, le poète était venu dans l'espoir d'être engagé comme reporter au *Journal de Charleroi*. La réputation de ce quotidien dépassait les frontières. Effaré par l'allure du jeune homme, le directeur Louis-Xavier Bufquin des Essarts l'invita à prendre le repas du soir chez lui, mais ne l'engagea pas. « Il faudrait relire "Au Cabaret-Vert, c'est Charleroi" », fait Paul…

« Depuis huit jours, j'avais déchiré mes bottines
Aux cailloux des chemins. J'entrais à Charleroi.
– Au Cabaret-Vert, je demandai des tartines
Du beurre et du jambon qui fût à moitié froid.

Bienheureux, j'allongeai les jambes sous la table
Verte : je contemplai les sujets très naïfs
De la tapisserie. – Et ce fut adorable,
Quand la fille aux tétons énormes, aux yeux vifs,

– Celle-là, ce n'est pas un baiser qui l'épeure ! –
Rieuse, m'apporte des tartines de beurre,
Du jambon tiède, dans un plat colorié,

Du jambon rose et blanc parfumé d'une gousse
D'ail, – et m'emplit la chope immense, avec sa mousse
Que dorait un rayon de soleil arriéré. »

Rue du Collège. Ici se trouvait le journal où j'ai fait mes premiers pas de reporter. La ville m'a enseigné les mécanismes de la collectivité, sa complexité. L'immeuble a été remplacé par un des hauts murs du nouveau complexe commercial. La falaise de la façade du complexe Rive gauche rectifie le tracé de cette artère commerçante où opérait un photographe de rue. Par une fin d'après-midi de 1963, l'artiste dont je n'ai jamais connu le nom a capté mon reflet alors que je revenais de l'internat, valise à la main, libre, car j'allais écouter Jacques Brel chanter « Amsterdam » au Palais des Beaux-Arts. Comme bon nombre de Carolos, cette photo je la conserve avec d'autres souvenirs de la ville. À gauche, une large échancrure a été percée dans le bâti, elle donne sur l'ancien cinéma Coliseum au décor de palais romain, ambiance péplum. Recyclé en salle de concerts, le lieu semble voué au silence. Le 15 novembre 2010, Johnny Winter y a donné un de ses derniers concerts. Fragile, assis sur une chaise, cheveux de neige, il poursuivait une tournée sans fin qui était passée par Woodstock en 1969. Et le voilà qui jouait à Charleroi, devant le café Le Club, où ses disques avaient tant tourné.

Imagine, 33 tours chez le peintre Coppée.

Hommage au rêve de John Lennon, on s'arrête à la boutique Imagine. Philippe-Henri, disquaire artiste, redonne vie à des vinyles rescapés. Le peintre vit à Hublinbu où il cisèle au jet d'eau à haute pression la peinture étalée sur une toile. Il réalise des visages qui sont des signes de reconnaissance, des images proches des affiches placardées sur les murs des villes, retravaillées par la bise, la nuit, les averses, le soleil et les jours. Un de ces visages à la Coppée figure sur le CD de Vacation Back in Town. Le groupe, fondé en 1969 par Sonny Bono, revit grâce à deux vétérans, Thierry et Fabrice. Ils ont enregistré dix morceaux, dont « Crossroads », au Rockerill un soir de mai pour montrer que jamais rien n'est vraiment fini.

Passionné de Charleroi, Phil se sent citoyen de la Ville basse. Dans les années 1970, il a accueilli sous son toit Derroll Adams, le troubadour de Portland, Oregon, qui chemina avec Woody Guthrie, le syndicaliste chanteur des luttes des travailleurs à la dérive. Woody, qui avait écrit sur sa guitare « This machine kills fascists », fascinait Bob Dylan, devenu prix Nobel. Dylan veilla Guthrie sur son lit d'hôpital à New York. Paul, écoutant Philippe-Henri parler de musique, se penche sur les bacs de disques, répère un album. Celui du Groupe d'Action Musicale (GAM). Avec ces musiciens descendant de Guthrie, la pochette rappelle des occupations d'usines, chez Siemens, Salik, dans le Borinage des années 1970 et en maintes autres contrées, ainsi à Chooz. Ceux de GAM étaient avec les gens dans les défilés et les ateliers, les assemblées et les manifs.

Paul détaille la photo. « Tu vois, il y a Karin, Roudoudou... » Il achète le 33 tours. Aujourd'hui, Karin vit à Jumet. Elle a pour voisin le fondateur de Solidarités Nouvelles, Paul, prêtre-ouvrier qui milite pour le logement et s'est rendu à vélo à Saint-Jacques-de-Compostelle. Paul a épaulé Denis, animateur de rue, dans sa défense des droits des sans-abri. Maintenant, Denis transmet son expérience à Benoît. Des squats aux camps de tentes improvisés entre les nœuds du

ADAMO
Ringo Starr

« C'est la ville où, quand tu demandes ton chemin,
on te conduit où tu veux aller. »

ring remis en couleur, ils luttent contre la solitude des grandes cités. Le corsaire des précaires est un résistant. Il ne pense pas à lui, toujours à l'autre. Interpelle. Libre de sa parole.

Sortis du repaire d'Imagine, Paul montre les bâtiments qui seront démolis ou rénovés, décrit ceux qui seront bientôt construits. Sous la verrière du Passage de la Bourse, côté gauche, deux ouvriers du bâtiment examinent la grande photo de la Ville basse en 1920 qui sommeille dans une vitrine vide. Quelques pas encore et nous entrons chez Fafouille. Avec d'autres commerçants des parages, le libraire de seconde main maintient sa petite entreprise à flot. Émergeant d'une pile de livres, Fafouille sort le solide album qu'il a consacré à la ville pour son anniversaire : *Carolo, 350 fois*. Il l'ouvre sur une double page. Dans un photomontage, les visages de commerçants d'aujourd'hui ont remplacé ceux de l'image ancienne. Ronde de la vie. Paul déniche un livre sur le pain, sa passion.

Derrière la vitrine se profile Jean-François. Journaliste enraciné dans Charleroi, il suit les Zèbres depuis toujours, ne manque jamais un match du Sporting. Il a travaillé dans cette galerie, *La Dernière Heure* y avait son bureau carolo. Le chroniqueur résume Charleroi en une phrase clé : « C'est la ville où, quand tu demandes ton chemin, on te conduit où tu veux aller. » Ensemble, au-delà de la porte du complexe Rive gauche, nous prenons pied dans un autre siècle. L'îlot commercial scintille, avec ses escalators, coursives, boutiques aux marques internationales, cafétérias et lumières vives. La foule déambule au gré des étages. Des gens se reconnaissent, s'embrassent, engagent la conversation. Rive gauche, en moins d'une année, fait déjà partie du décor recomposé. La greffe semble avoir pris. Sept entrées permettent d'accéder à ce *mall* à l'américaine. Ouverte sur les rues adjacentes et la place Verte, autrefois Albert Ier, la structure est poreuse. De l'autre côté de l'agora, la librairie Molière occupe l'ancienne poste. Elle a tenu bon pendant le grand chantier. Des auteurs viennent évoquer leurs livres dans la salle de l'étage. Franco Meggetto y a défendu *La Fille du Triangle*, un polar enraciné dans un Charleroi aussi fragile et fort que Bruno, inspecteur sensible à la cuisine transalpine et à la route de nuit. François De Brigode, le journaliste titulaire du JT de la RTBF depuis 20 ans, a signé la photo de couverture par amitié pour Franco avec qui il était à l'athénée de Châtelet. L'ombudsman carolo, Jean-Luc Labbé, complète leur trio. Des immeubles, autour de l'espace qui a vu disparaître les colonnades après un débat tendu, sont en cours de rénovation. Petit à petit, le tissu urbain se régénère. Des commerces poussent autour de Rive gauche, épaulent les plus anciens. Comme disait Luca, « il faut que les gens passent d'un endroit à l'autre, circulent, comme avant, créent une ambiance, c'est ce qui fait un quartier ».

Christian a rempli 16 sacs de déchets.

Deux minutes et, à la rue de Brabant, voici La Manufacture Urbaine où Jürgen, ardent défenseur de la ville, a développé dans l'ancienne imprimerie devenue médiathèque un concept original. Des cuves de fermentation permettent de

Carolo, 350 fois.

fabriquer la bière, des machines sophistiquées de torréfier le café et des fours de cuire le pain pétri dans cet immeuble où l'on passe d'un niveau à l'autre par des passerelles et escaliers. Les gens viennent acheter du pain, s'attardent pour déguster une Carolo Pils ou une Triple, la Carolo 350, dans les parfums de houblon et de levain. On peut manger un morceau en attendant un concert, découvrir une exposition ou assister à un événement qui sera une surprise. Il faut encourager les commerçants-artisans qui prennent des risques, alors que l'e-commerce étend sa toile. Les commerçants sont les animateurs naturels des villes depuis des millénaires. On crapahute vers La Quille, rue de Marcinelle. Dans ce café intimiste, la Stella est servie avec science, comme au Royal Nord, Ville haute, refuge historique des amateurs de foot et supporters du Sporting. Mon grand-père aimait le Royal Nord. Fernand s'est éteint à l'hôpital civil, qui est presque rasé en cette fin 2017. Par la fenêtre lui parvenaient les rumeurs du Sporting. « Ah, comme j'aimais être là, dans les gradins, avec les amis », fit-il. Moi, j'étais bouleversé. Retour à La Quille... L'atmosphère du bistrot – son décor immuable et ses habitués – a dépassé les frontières. Il joue un premier rôle dans le récit publié dans *Le Journal des Lointains*, à Paris, voici quelques années, par José-Louis Bocquet. David, des Templiers, offre la tournée, et nous passons en revue la balade du jour et préparons la prochaine, pensons à toutes les portes qu'il nous faudrait encore pousser en jurant que le voyage devra se poursuivre, plus tard.

On traverse le boulevard Tirou en regardant le paquebot de Rive gauche et, place de la Digue, notons que naissent de nouvelles tavernes et boutiques. La RTBF et Télésambre viennent d'inaugurer les studios de Mediasambre. Bientôt s'installeront les animations de Noël. En haut de la place, un ouvrier communal ramasse des déchets. Il se protège de la pluie sous sa parka jaune. Christian a rempli 16 sacs, c'est sa moyenne. Il les convoie dans une charrette qui s'alourdit au fil des heures. Le parcours achevé, Christian sait que d'autres déchets se seront déjà accumulés. Glanant des seringues, des canettes de bière, des bouteilles d'alcool, papiers gras, sandwichs à peine entamés, sacs en plastique, vêtements sales, chaussures éculées, pampers et autres vestiges, il scanne les travers d'une société où l'individualisme prime souvent sur le vivre-ensemble, où le matériel a balayé l'humain. En balançant un paquet de cigarettes vide sur le trottoir, l'individu X n'a sans doute pas conscience de son comportement.

Christian n'oubliera pas le jour où une dame descendant d'une belle bagnole jeta des papiers devant lui : « Ramasse, tu mériteras ton salaire ! » Heureusement, d'autres passants le remercient de ses efforts. Qu'en aurait dit Roger Caillois ? Relisant *Le Mythe de Sisyphe* d'Albert Camus, il écrivit : « Il n'y a pas d'efforts inutiles, Sisyphe au moins se faisait des muscles. » Ils sont quelque 50 travailleurs qui sillonnent le Grand Charleroi avec leurs charrettes, passant des ors de Rive gauche aux coins d'ombre de la came et de la prostitution. Comme toutes les villes du monde, et surtout celles qui furent opulentes et doivent se serrer la ceinture, la capitale du Pays noir passe de la fiesta au cafard sans prévenir.

Jour 8	Charleroi-Centre
	Ville haute
	Charleroi Nord

Mardi 24 octobre

Un resto face à la précarité.

Il est passé 11 heures, place Delferrière, dans l'ancienne maison des huissiers devenue Resto du cœur. Les habitués du chauffoir quittent la grande salle récurée au Dettol. Croissants et café font place au repas de midi qui sera bientôt servi, potage, légumes, viande, dessert, fruit. Produits frais, le plus possible. Les gens s'abritent du crachin frisquet sous le porche. Claude le chauffeur passe avant 7 heures avec la camionnette Toyota chez les boulangers de la ville qui offrent les viennoiseries de la veille. On ne jette rien. Même pas les vêtements les plus déchirés. Récoltés dans des sacs qui remplissent la vaste cave, ils aboutissent chez Terre, à Couillet, l'association qui recycle ce qui est en bout de course. Ah, Charleroi, sa banque transformée en cinoche et cet entrepôt des saisies transmué en lieu de réconfort et de solidarité. La Ville a racheté l'immeuble.

À charge de l'association de le faire tourner et de payer le loyer convenu selon un bail emphytéotique. Il était temps, les bâtiments de la rue du Fort étaient pourris jusqu'à la moëlle, mais l'endroit laissera des traces dans les mémoires, avec cette vue sur l'ancienne plaine de jeux cernée d'arbres dont les enfants des années 1950 gardent souvenance.

Annabel, la cheffe de cuisine, décrit le fonctionnement de ce resto créé par la Ville, au temps de Van Cau, bourgmestre en 1985 quand Coluche lança son appel. Depuis lors, on a servi des centaines de milliers de repas et de colis de nourriture. Préparés désormais dans une cuisine high-tech répondant aux dernières normes de l'Agence fédérale pour la sécurité de la chaîne alimentaire (AFSCA). Chaque jour, en moyenne, avec des hauts et des bas – entre le début et la fin de mois, tout change –, de 200 à 300 personnes s'installent aux tables alignées au cordeau. Les personnes qui en ont les moyens paient 50 cents. Ceux qui ne peuvent se permettre cette dépense ont droit à la gratuité. Tout le monde parlera avec le service social, qui écoute, détecte les failles des parcours individuels, oriente vers les services publics et associations partenaires. Une douzaine de travailleurs fait tourner la petite entreprise avec l'appui d'une trentaine de bénévoles. Ils bossent en chœur...

Dans cette ville, des gens qui n'ont rien donnent tout. Sans dons, le resto fermerait ses portes. Ils vont du modeste euro de l'ancien habitué sorti de l'ornière à la contribution de sociétés dont des grandes surfaces qui ne veulent plus jeter ce qui peut être consommé. Les comptes sont publiés, le service en perpétuelle réévaluation, les projets concrets. L'essentiel

Dans cette ville, des gens qui n'ont rien donnent tout.

est de servir chaque jour de la semaine, hiver comme été, des repas chauds préparés en un lieu propre, rempart contre l'isolement. Dans la file du resto se côtoient des travailleurs pauvres, des retraités, des sans-abri, des sans-papiers, des êtres en proie à des addictions, des mamans seules avec des petits, des invalides, des demandeurs d'emploi, des bosseurs en noir qui n'ont pas d'autre choix, des gens d'ici et d'ailleurs, en proie à des tourments ou à la solitude. Tous partagent l'espace des grandes tablées et s'en vont après avoir repris des forces en mangeant et en parlant. Ce matin, une dame âgée est venue de Dampremy en tram et à pied. Devant chaque assiette, les destinées sont différentes.

Sous la pluie qui vernit l'asphalte de la rue, nous marchons devant le Passage 45, autre relais du CPAS, en première ligne sur le front de la précarité qui progresse inexorablement. Traversée du pont de Waterloo, en face de la clinique Notre-Dame, salut au Marsupilami que l'on draperait bien d'un K-Way, puis plongée vers la place du Manège.

Les grandes moissons de l'Eden.

À une heure de l'après-midi, nous entrons à l'Eden. Dans la brasserie du Centre culturel régional de Charleroi, l'immense comptoir est un rivage où l'on s'attarde pour discuter. Par la porte du fond, le public se dirige vers les spectacles ou les ateliers. Le projet de l'Eden prône une culture associée aux habitants. Des travaux d'agrandissement seront néces-

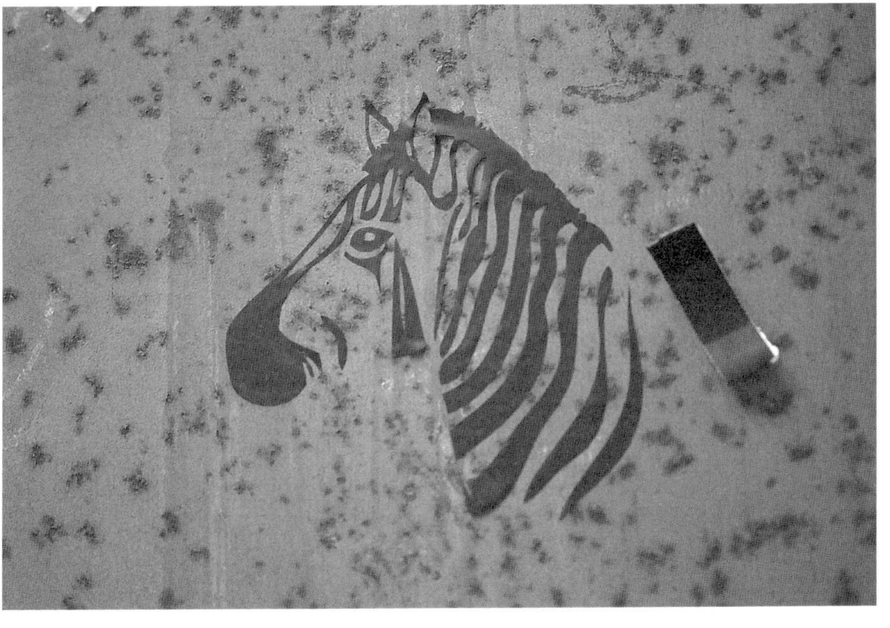

saires, la fréquentation augmente. Fabrice dirige la maison depuis 2012. L'Eden dépasse l'idée de la seule diffusion d'œuvres contribuant à la compréhension du monde. Soutient la démarche de création : « Toujours avec les citoyens... » Qu'ils partagent des projets ou les initient. Libres. Avant tout. Frondeurs si possible. Un premier pas consista à faire de la salle de spectacles un lieu rassembleur. Le rôle de la brasserie est moteur. Le public passe par l'Eden, quotidiennement, s'y retrouve parce que c'est pratique, revient pour vivre des expériences, découvrir, apprendre, rire et rêver. Lors d'un spectacle destiné aux enfants, un « avant » et un « après » sont prévus. Il faut dépasser l'espace-temps du spectacle, qui serait pareil à une graine que l'on sème.

Écoutant Fabrice, j'entends Wajdi Mouawad, metteur en scène, auteur, comédien, dire lors d'un stage de théâtre, à Toubab Dialo, au Sénégal : « Ce qui est écrit est écrit, la parole est cachée, comme la semence. » Cette manière d'ensemencer de la culture passe par une série d'activités avec les associations. Les pionnières sont engagées dans les cultures urbaines. D'où la diversité des thèmes, portés par des adeptes du roller, des danseurs de hip-hop, des slammers, des as de l'art textile, du théâtre, de la musique, et de tout ce que vous pourriez imaginer. *No limits*. De la passion des couturières des espaces citoyens est né, voici 5 ans, le Grand Bal Blanc avec ses costumes à la *Fellini Roma* qui valseraient avec les masques de Venise. Tout le monde est admis, à condition de se vêtir de blanc. « Que tu achètes ton costume, le fabriques ou l'empruntes, tu es le bienvenu. » Début novembre, le bal embrase l'entame de l'hiver. Après Halloween, en attendant de brûler les frimas, les membres de l'équipe préparent la Grande Parade du carnaval. Un folklore populaire carolo germe lors des rencontres de la saison froide.

En 2017, petits, jeunes, grands, anciens, artistes, graines d'artistes, ils furent 300 à faire vibrer le carnaval avec le soutien d'échassiers, danseurs et jongleurs. Cette année, dans un grand sac installé à l'entrée de l'Eden, ceux que le blues taraude déverseront des idées noires, sous forme de dessins, textes, poèmes, pages calligraphiées.

Au Mardi gras, ces éclats de cafard s'enflammeront avec le Corbeau noir, épouvantail couleur Noir Pays. De ce geste à la thérapie circassienne menée en résidence à l'Eden par l'Agence nationale de psychanalyse urbaine, la distance est aussi courte que celle qui sépare la Ville basse de la Ville haute. À mi-pente, proche des autres lieux de culture (Théâtre de l'Ancre, Charleroi Danse, Palais des Beaux-Arts, Vecteur, BPS22, Comédie Centrale, La Ruche à Marcinelle, j'en oublie, pardon...), l'Eden trace sa route, porté par ses publics. Fabrice planche sur un festival des idées. Avec ses débats, ateliers sur la ville et rencontres citoyennes, la Charleroi Academy prépare le terrain. À l'Eden, on croise toujours une personne que l'on connaît, ce qui confirme la théorie de la dynamique du maillage des lieux.

Remontée vers la place du Manège, Palais des Beaux-Arts sur la gauche. À l'affiche le 4 novembre en soirée, la *Norma* de Vincenzo Bellini. Et je me souviens de Michel, un ami transporteur qui jouait de la guitare classique, aimait

Tout le monde est admis, à condition de se vêtir de blanc.

son camion rouge et une jeune femme qui s'appelait Norma. À droite, l'hôtel de ville se calfeutre dans son climat d'Art nouveau. On échappe aux mains géantes sculptées par Martin Guyaux qui surgissent du sol à proximité du parking des bus, appelant au souvenir des travailleurs du fond. Raccourci par la rue Chavannes où un car wash passe-muraille relie deux rues. De l'autre côté de la place Charles II, entre les deux établissements scolaires voisins, l'école Cobaux et l'athénée Vauban, un autre espace-lien a été redécoupé. Rue du Laboratoire, la Ville, en interdisant l'accès aux voitures, a dégagé un « parvis des enfants » où ils sont libres de leurs mouvements.

On coupe le boulevard Paul Janson et ses arbres qui prêtent leur parapluie de feuillage au marché. Chaque dimanche, il renaît avec ses produits du monde, vêtements, nourritures, effluves de poulets rôtis, tapes dans le dos des copains qui se revoient en trimballant leurs sacs bourrés de légumes, de chorizo et parfois de CD qui donnent envie de danser. S'intercale une vieille image du marchand de carabouyas. Il broyait du sucre candi très noir avec un petit marteau, non loin du mage en costume gris qui interrogeait une petite dame aux yeux bandés d'un grand mouchoir. Grâce aux questions insolites de son partenaire, elle identifiait les gens qui se soumettaient à la puissance de son esprit et les gosses faisaient des yeux ronds. Rencontres du troisième type avant Steven Spielberg.

De l'Université du Travail à la Cité des Métiers.

En arrivant à l'Université du Travail (UT), salut respectueux à la statue de Paul Pastur, fondateur de la grande école qui a formé des générations d'ouvriers spécialisés, artisans et ingénieurs industriels, tant aux cours du soir que du jour. Emballée dans un long pardessus, l'œuvre d'Alphonse Darville arbore une carrure de déménageur. Comme d'autres cités postindustrielles de la planète, du Pays noir à la Rust Belt américaine - pensons à Braddock où est née la photographe LaToya Ruby Frazier qui passa par Charleroi cette année et se retrouva chez elle -, du Pays de Galles aux Asturies et en Ukraine, Charleroi a encaissé des coups terribles. Mais la cité refuse de se déclarer K.-O. Se maintient sur le ring de la mondialisation, avec la ferveur des gens engagés à fond dans un match sans règles. Dans les étages du bâtiment, le bureau de l'illustre personnage est resté tel qu'il l'a laissé. Olivier, le coordinateur du projet de la Cité des Métiers, nous guide dans le campus pour matérialiser le défi. Rassembler des institutions d'enseignement de tous les horizons dans un campus des connaissances qui accueillera 10 000 étudiants.

La bibliothèque est une zone de calme feutré, boiseries, lambris, parquets, étagères et rayonnages aux milliers de titres. Autour des tables, penchés sur les ouvrages aux pages déployées, des étudiants se concentrent, engagés dans un effort de marathoniens. Ils se concentrent pour se réaliser. Pareils aux jeunes mamans du projet Miriam, à l'espace citoyen de Gosselies. Des gens qui font un effort. Olivier

LIS ET PROFITE
VOIS ET IMITE
RÉFLÉCHIS ET TRAVAILLE

glisse à voix basse : « Je suis né à Charleroi et c'est ce qui me motive pour ce grand projet. Dans ce campus, les étudiants découvriront, se formeront, apprendront, feront des expériences. On y réinterprétera l'UT, de la promotion sociale à l'université... »

Principe : concentrer sur deux sites – celui de l'UT et celui des Aumôniers du Travail – des écoles des réseaux provincial, libre et public, l'UMons, l'ULB, l'IFAPME, le Forem, l'ONEM, le centre de culture scientifique de l'ULB et un centre de technologie avancé en mécanique appliquée. Dans le domaine provincial de l'UT, les bâtiments Zénobe Gramme et Roullier ainsi que l'ancienne chaufferie – elle exsude l'atmosphère de la machine d'un paquebot à vapeur – seront rénovés, remodelés. De même aux Aumôniers du Travail. Toutes les générations se croiseront dans ce lieu où l'on s'informera sur des métiers, viendra entendre des conférences et explorer sciences et techniques. Olivier pilote l'asbl coupole du projet où chaque partenaire garde son identité, au-delà de la mise en commun. C'est un grand Lego qu'il faut assembler et rendre solide, où 40 millions d'euros sont financés par la Fédération Wallonie-Bruxelles, la Région wallonne et l'Europe. Bref, un pari sur l'intelligence des partenaires. Le site s'étoffera de nouveaux logements de la Sambrienne. Toujours cette volonté de faire revenir des habitants en ville.

Au BPS22, l'honneur des résilients.

Intégré à cet ensemble qui reste à bâtir, le BPS22, musée d'Art de la province de Hainaut, ouvre la voie depuis l'an 2000. Installé dans un ancien hall de maintenance construit en 1911 pour l'Exposition industrielle et commerciale de Charleroi, ce musée a pris du coffre depuis sa rénovation récente. Elle s'est opérée dans le respect de ce monumental bâtiment de verre et d'acier, dont les colonnades néoclassiques en béton soutiennent des verrières qui tamisent le ciel. Pierre-Olivier, le pilote de cette machine à explorer notre époque, invite des artistes à rencontrer les gens, autour de thèmes ancrés dans le quotidien. Au BPS22, rien n'est tabou. Du tuning à la colombophilie, du rock au foot, de Guantánamo à Bollywood, toutes les histoires ont leur place. Utopie ? Nenni. La preuve, alors que Pierrot nous parle, des skateurs affrontent sur leurs planches les sculptures en acier Corten réalisées par l'artiste français Raphaël Zarka. Vidéaste, photographe, dessinateur et sculpteur, il s'est fondé sur les volumes géométriques du mathématicien allemand Arthur Schoenflies. Titre : *Paving Space.* Objectif : amener des adeptes du skate à profiter de sculptures comme tremplins. Une manière de montrer comment les citadins s'approprient des espaces flous. Aux murs, les photos de *Riding Modern Art* ravivent le souvenir de skateurs d'ailleurs. En même temps, les images en mouvement des skateurs d'ici se déploient en direct, avec des « claps » sonores qui font vibrer l'enceinte.

Du tuning à la colombophilie, du rock au foot, de Guantánamo à Bollywood,
toutes les histoires ont leur place.

La trajectoire du BPS22 a recoupé l'actualité dans la mouvance de la fermeture de l'usine Caterpillar. Réalisée par des travailleurs et deux artistes, Stéphanie Rollin et David Brognon, une sculpture a été produite avec le BPS22. *Résilients*, haute de 6 m et large de 3, représente un tourniquet semblable à ceux que le personnel franchissait chaque jour pour accéder à l'usine. Sauf que ce tourniquet-ci ne pivote qu'une fois avant de rejeter l'individu qui s'y est engagé. Métaphore de l'attitude de Caterpillar envers ses travailleurs ? On se dit que la sculpture devrait combler le vide du rond-point situé entre l'autoroute et la route qui mène à City Nord. Là où trônait un vieux bulldozer jaune. Mais elle appartient à la collection du BPS22 et sa destinée sera nomade. Elle devra signifier les belles années et sceller la fin d'une usine qui faisait vivre des milliers de personnes, entraînant le crépuscule de projets. Le catalogue d'une cinquantaine de pages, intitulé *Résilients* – en capitales sur la couverture rouge –, fait circuler l'idée de résister aux chocs, de rebondir. Pierre-Olivier nous offre un exemplaire de cet ouvrage…

« Charleroi, que nous dis-tu du monde ? »

Du BPS22, nous allons à l'académie des beaux-arts Alphonse Darville. Rue Dourlet, à Charleroi Nord, elle regroupe près de 600 étudiants les soirs de semaine, compte 20 professeurs, éclaire la vie de beaucoup de gens. Ils trouvent des guides inspirés pour apprendre à maîtriser divers modes

Ce tourniquet-ci ne pivote qu'une fois avant de rejeter l'individu qui s'y est engagé.

d'expression. Dans tous les ateliers qui s'animent en fin de journée, on apprend la peinture, la gravure, la vidéo, la photo, l'histoire de l'art, la sérigraphie, le textile, la poterie, le dessin, la céramique et autres disciplines. À la sortie du grand bâtiment où tant de personnes se ressourcent, des chansons me passent par la tête, me taraudent en descendant l'avenue de Waterloo pour rejoindre la place du Manège et l'hôtel de ville où s'engouffre Paul. Il rejoint son établi. Les politiques sont des ajusteurs du vivre-ensemble. Chemin faisant, à plusieurs reprises, la chanson de Bernard Lavilliers qui porte le titre « Charleroi » a surgi dans les propos glanés çà et là.

Sa voix cogne...

« *J'ai vu ma ville quand je te vois*
J'ai vu ma ville partir en vrilles
J'ai vu ma ville partir en friches
J'ai vu ma ville comme je te vois [...] »

La ville est une personne. Saluant Charleroi, Lavilliers parle des villes dont le moteur fut industriel et qui cherchent leur deuxième souffle. L'artiste français revient souvent au Pays noir. Connaît-il le rappeur carolo Mochélan qui a pris la défense de sa *hometown* ? Au nom des gens qui y vivent, Mochélan a imaginé *Nés poumon noir*. Maintenant, un peu comme un juke-box enchaînerait les ballades et les rocks de Bruce Springsteen, entre deux traits d'harmonica, l'air de « *Dirty old town* » tourne dans ma tête. Ewan MacColl a écrit cette chanson à Salford, dans le Lancashire. Brute de décoffrage, elle parle d'amour.

> « *I found my love where the gaslight falls*
> *Dreamed a dream by the old canal*
> *Kissed my girl by the factory wall*
> *Dirty old town, dirty old town [...]* »

Incapable de chanter, pendant la traversée de la place du Manège où Pippo offre des frites et des tentes de camping aux sans-abri, je m'applique à fredonner ce poème sans y arriver. La nuit est tombée, la pluie irise les néons. Dans un café où des gens discutent devant leurs verres de bière, j'extrais de ma veste le recueil reçu au BPS22, lis et détaille les photos de l'œuvre en cours d'élaboration. Des paroles d'anciens de l'usine qui ont adhéré au groupe de la sculpture me vont droit au cœur. Page 64, je prends conscience du fait que Pascal apporterait une réponse à la question qui a guidé notre escapade : « Charleroi, que nous dis-tu du monde ? »

Retenez ceci : « Cette œuvre, c'est la deuxième chose la plus importante que j'ai réalisée en plus de 30 ans de carrière chez Caterpillar. Fin des années 1990, début des années 2000, l'entreprise a mis en place des "projets diamants" qui donnaient la possibilité aux ouvriers de créer ou d'inventer quelque chose. C'est comme ça que j'ai trouvé un moyen pour réduire significativement le temps qu'il fallait pour tester les machines afin de vérifier s'il y avait des fuites en utilisant un répartiteur, comme dans les chaudières. On est passé de plus

« Charleroi, que nous dis-tu du monde ? »

d'une demi-heure à un quart d'heure. C'est même devenu un brevet qui a été acheté dans d'autres pays. J'étais fier d'avoir pu créer quelque chose. J'ai reçu, pour cela, une prime sous la forme d'un voyage et je suis parti, pour la première fois, en vacances en Turquie. Aujourd'hui, avec le tourniquet, je peux aussi réaliser quelque chose de concret et laisser une trace à mes enfants. »

Les mots de Pascal me poursuivent. L'ancien technicien de la grande usine résume le paradoxe de notre époque. Même créatif, engagé dans son métier et son entreprise, il ne pouvait conserver son emploi. Dans *Éloge du carburateur*, le philosophe américain Matthew Crawford relie la créativité à la maîtrise résultant de longues années de pratique. Comme la notion de flexibilité s'oppose à cette exigence, le travailleur pris en tenaille dans cette contradiction se sent perdu.

Faire la ville

Chaque ville a sa physionomie, sa *forma urbis*, marquée par les hasards de son histoire autant que par les plans des urbanistes qui l'ont façonnée ou réformée. Celle de Charleroi ne se laisse pas facilement appréhender. Ville jeune, ville de garnison, elle aurait pu rester un gros bourg bâti autour de la forteresse hexagonale de Vauban. Mais la révolution industrielle est passée par là. Elle a creusé le tissu urbain de puits de mines et de fabriques, posés le long des veines charbonnières, comme on le voit sur les cartes de l'Exposition de 1911. Elle a tailladé les anciennes campagnes d'un canal, de voies de chemin de fer, de routes et autoroutes et lignes électriques. Entre les villes millénaires de Gosselies, Jumet, Gilly, Marcinelle ou Marchienne, et les anciens villages, que l'on voit sur la carte Ferraris de 1776, elle a massé en corons compacts les nouveaux habitants venus de leur campagne pour travailler dans les mines et les usines.

Cette mue urbaine fut si rapide, si brutale, qu'elle ne suivit aucun plan d'ensemble. Les urbanistes de la fin du XIXe siècle, fascinés par l'expansion des grandes métropoles européennes, remodelèrent l'espace urbain central, dessinant parcs, grands boulevards, places et monuments publics autour de la Sambre et de l'ancienne forteresse, comme on le voit sur les plans de 1871. Mais le reste du territoire échappa à leur ambition réformiste.

Entre la fin de la Grande Guerre et les Golden Sixties, mus par de puissants idéaux de progrès social et une esthétique nouvelle, architectes et urbanistes tentèrent de réparer ce que la révolution industrielle avait abîmé. Développant maternités, hôpitaux, maisons de repos, équipements sportifs et culturels, ils donnèrent aux quartiers longtemps délaissés des monuments à la fois simples et majestueux, comme la maternité Reine Astrid, hélas disparue, le magnifique stade Yernaux de Montignies-sur-Sambre et le splendide Centre social de délassement de Marcinelle. Bâtissant cités ouvrières et quartiers bourgeois, ils parcoururent toute la gamme de l'architecture moderne et laissèrent des ensembles remarquables, comme la cité Parc et la cité de l'Enfance à Marcinelle, ou les villas modernistes de Couillet et Loverval.

Puis vint le grand ressac. La crise industrielle, laminant la vie de milliers de travailleurs, et conduisant à la pire déchéance urbaine de son histoire. Les friches industrielles, au cœur même du tissu urbain, et les quartiers laissés à l'abandon donnèrent de Charleroi l'image d'une ville fantôme, à l'instar des villes industrielles de la Rust Belt américaine. Aujourd'hui encore, quarante ans plus tard, on ne peut traverser Marchienne sans mesurer la profondeur du désastre.

L'autorité publique n'est pas restée sans réaction. Dès les années 1980, d'énormes fonds publics permirent la reconversion de la Porte Est. Là où, naguère, les usines chimiques de Solvay jouxtaient les installations sidérurgiques de Cockerill-Sambre, on trouve désormais le pôle environnemental de la métropole : station d'épuration, centre de recyclage, port multimodal et vastes aires boisées.

D'autres interventions apparaissent, avec le recul, plus contestables. Transformer les anciennes zones minières ou industrielles en immenses parcs commerciaux contribua à tuer le commerce local. Morceler l'ancien quartier de la prison en immeubles de bureaux sans rapport les uns avec les autres, et sans souci de l'espace public, laissa un quartier sans âme et sans vie aux mains du trafic de stupéfiants et de la prostitution. Placer les centres de formation sur le plateau de Gosselies nous priva de l'opportunité de transformer les anciennes usines des ACEC de Marcinelle en un vaste campus technologique urbain – comme le firent avec succès à la même époque les autorités de Rotterdam. Et si les projets de centres commerciaux périphériques et de parcs de bureaux posés le long des autoroutes n'avaient pas été arrêtés, l'hémorragie aurait sans doute été fatale au centre urbain.

La ville dont je devins le bourgmestre en 2012 avait ce mélange de nobles héritages et de profondes balafres urbaines. Les investisseurs l'avaient désertée et les citoyens semblaient avoir perdu tout espoir de revitaliser une ville à laquelle ils restaient pourtant profondément liés. Je n'oublierai jamais la peur qui me traversa face à l'immensité de la tâche, un soir de décembre 2012 où, quelques jours avant de prendre mes fonctions, je parcourais un boulevard Tirou désert balayé par des vents glacés traînant dans leur sillage canettes et papiers abandonnés. J'eus le sentiment d'être devenu le premier magistrat d'une ville morte, d'une ville sans regards. Je fus rapidement rassuré en découvrant que la ville regorgeait de talents qui ne demandaient qu'à se mettre au travail. Mon équipe à l'hôtel de ville dirigée par Christian Laurent, bientôt appuyée par celle du *bouwmeester* Georgios Maillis, les fonctionnaires communaux et régionaux en charge de l'aménagement urbain et les ingénieurs de l'intercommunale Igretec, tous étaient impatients de développer ensemble un nouveau projet urbain.

Nous avons voulu, dès le premier jour, ne pas travailler en vase clos. Nous avons multiplié entre nous les ateliers pour dégager, peu à peu, une vision partagée de la ville. Nous avons écouté les points de vue des nombreux architectes, urbanistes, paysagistes venus de Bruxelles, de Flandre ou de pays voisins, fascinés par cette ville étrange. Nous avons longuement débattu, au sein d'une Charleroi Academy établie les samedis matin dans la brasserie de l'Eden, avec des sociologues, géographes, anthropologues, venus des horizons les plus divers, et des centaines de citoyens passionnés par leur ville. Pas à pas, au gré d'une incessante conversation polyphonique, nous avons dégagé les contours d'un projet urbain pour notre métropole.

Notre premier principe consiste à développer l'ensemble des parties du territoire de manière équilibrée. L'avantage d'une ville de 200 000 habitants, ce qui est la taille typique d'une ville moyenne en Europe ou aux États-Unis, c'est qu'elle est assez grande pour offrir une large gamme de services à ses citoyens tout en évitant les pathologies urbaines qui frappent les grandes métropoles et les mégalopoles. Cet atout des villes moyennes peut être encore renforcé si on accentue son polycentrisme. Avant de devenir le Grand

Charleroi, la métropole sambrienne était une collection de villes moyennes - Charleroi-Centre, mais aussi Gosselies, Jumet, Gilly, Marchienne, Marcinelle... - qui avaient connu une vie urbaine pendant des siècles avant d'être fusionnées. Il en résulte que le territoire carolo n'est pas concentrique mais polycentrique. Il n'y a pas un centre très animé et des périphéries sans vie, mais une pluralité de lieux de vie denses et auxquels les citoyens sont attachés.

Cette réalité urbaine et sociologique permet de déployer une dynamique de développement équilibrée. Depuis 2012, nous avons décidé de réorganiser la ville en cinq districts de taille équivalente, comptant chacun environ 45 000 habitants : le Centre (qui comporte le Vieux Charleroi mais aussi Charleroi Nord, Lodelinsart et Dampremy), le Sud (Marcinelle, Couillet et Mont-sur-Marchienne), le Nord (Gosselies, Jumet et Ransart), l'Est (Gilly et Montignies-sur-Sambre) et l'Ouest (Marchienne, Monceau-sur-Sambre et Goutroux). On rejoint ainsi l'idée d'une ville polycentrique, fluide et humaine, dont le schéma fut théorisé par l'urbaniste britannique Ebenezer Howard au début du XXe siècle.

L'ambition est de doter chacun de ces districts de l'ensemble des services urbains, de manière à ce que les citoyens puissent y passer l'essentiel de leur vie sans devoir accomplir de longs déplacements, et de donner les mêmes chances de développement à chaque quartier et à ses habitants. Nous avons ainsi conservé dans chaque district un poste de police (et même deux dans les districts Est et Ouest) et une maison citoyenne, et avons collaboré avec le CPAS pour qu'il déploie ses services sociaux, espaces citoyens et maisons de quartier selon la même logique. Chaque fois que nous examinons les plans d'investissement, dans les crèches, écoles, infrastructures sportives et culturelles, tout comme dans les voiries, espaces publics et espaces verts, nous veillons à ce qu'ils respectent cet équilibre territorial.

Mais la vie des districts ne s'arrête pas là. Une ville vivante est une ville qui soutient l'implication de ses citoyens. Dans chacun de ces districts, nous avons constitué un conseil de participation, composé de citoyens tirés au sort parmi des listes de volontaires, pour soutenir la vie associative et nourrir l'action publique. En donnant à ces districts une vraie vie civique, on retrouve aussi l'idée que défendait Aristote de petites cités autonomes de 40 000 habitants, une échelle humaine qui permet la convivialité et les rencontres, tout en évitant les réflexes sous-localistes.

Ainsi structurée, la ville poursuit son développement en respectant cinq grands principes directeurs.

Nous voulons, en premier lieu, préserver et renforcer notre « capital naturel » : la verdurisation spontanée des terrils et anciennes friches industrielles, le maintien des bois et pâtures, l'entretien des parcs et jardins doivent permettre à tout citoyen de vivre en proximité immédiate de la nature, dont on sait qu'elle est à la fois un atout en termes de santé publique et une source infinie de plaisirs. La densification urbaine doit se poursuivre en tenant compte de ce principe, c'est-à-dire en urbanisant en priorité les quartiers déjà habités, les dents creuses, les pieds des terrils, etc.

Nous entendons, en second lieu, soutenir une mobilité durable et accessible à tous : en permettant à tout citoyen de trouver à proximité de chez lui tous les services dont il a besoin, et en renforçant continuellement les transports publics et les voies pédestres et cyclables. Les extensions du métro vers le Nord et l'Est sont une première étape, bientôt complétée par la mise en place de bus à haut niveau de service vers le Sud. Toute réfection de voirie inclut le réflexe piéton et cycliste, et les anciennes voies de transport industrielles (chemins de halage et voies de chemin de fer désaffectées) forment, avec les sentiers, un vaste réseau de voies lentes, dont l'usage quotidien est encouragé.

Nous veillons, en troisième lieu, à renforcer la qualité des espaces publics dans tous les districts. Le fait que la ville de Charleroi soit l'agglomération de petites villes et de villages parfois très anciens nous a légué une cinquantaine de quartiers bénéficiant de leur vie sociale propre, de places et jardins qui sont autant de lieux de rencontre. Renforcer ces polarités dans chacun des districts, en restaurant les places anciennes et en les connectant davantage les unes aux autres, contribue à consolider ce tissu urbain équilibré.

Nous nous assurons, en quatrième lieu, d'un équilibre social sur l'ensemble du territoire. La notion de « mixité sociale » est parfois mal comprise : il ne s'agit pas de faire habiter les citoyens d'âge, d'origine ou de milieu différents dans les mêmes immeubles (l'expérience ayant montré que les habitants se regroupent toujours sur base d'affinités électives), mais de faire en sorte que les quartiers soient ouverts les uns sur les autres.

Il ne doit y avoir ni ghettos bourgeois, ni espaces paupérisés, ni quartiers peuplés uniquement de migrants et d'autres d'indigènes (pour autant que cette notion ait un sens à Charleroi, ville d'accueil par excellence). Tout citoyen doit pouvoir passer d'un quartier à un autre en s'y sentant chez lui, les séquences urbaines se succédant sans ruptures. Ceci suppose une réflexion fine sur les types de logements qui sont encouragés dans les différents quartiers pour éviter toute forme possible de ségrégation.

Enfin, dans chacune de ces entreprises, nous veillons à toujours lier le développement matériel et le déploiement immatériel de la ville. Un espace public, un ensemble de logements, une infrastructure ne sont que ce que les citoyens en feront. Il faut donc, dans tout projet, soutenir toutes les formes de coopération et de vie associative contribuant à créer du lien social et de la convivialité, et créer les occasions qui permettent aux familles de se rencontrer et de lier connaissance. Cela va des espaces dédiés aux sports aux maisons des aînés, des jardins partagés aux maisons de jeunes, des fêtes des voisins aux célébrations des diverses communautés...

Ces principes généraux se déploient à différentes échelles, qui doivent toujours être pensées comme complémentaires.

Certains projets urbains relèvent de la « grande échelle ». C'est le cas des grandes opérations de remembrement urbain en cours à la Ville basse depuis 2012 et à la Ville haute à partir de 2018. Il s'agit de préserver la qualité du tissu urbain, de le corriger quand cela est nécessaire (en créant de nouvelles percées et en remodelant les places), de libérer les espaces publics de la voiture pour les céder aux piétons, et d'en renforcer la qualité paysagère. Ainsi renouvelés, ces anciens quartiers peuvent donner une nouvelle vie à leurs fonctions historiques : la vie économique et commerciale en bord de Sambre, la vie étudiante, la culture et les grands événements dans le haut de la ville. Les vastes espaces encore disponibles permettent de développer de nouveaux quartiers de vie, comme ceux qui verront le jour sur le terril des Hiercheuses à Marcinelle et le terril Sacré-Français à Dampremy, les anciennes usines Verlipack à Jumet ou les sites bientôt désaffectés du Grand Hôpital de Charleroi à Gilly et Montigniessur-Sambre. Ils seront toujours conçus de manière telle qu'ils contribuent à réparer les cicatrices du tissu urbain laissées par la période industrielle et à valoriser le capital naturel. Dans le même esprit, certaines cités de logement public, anciennes ou récentes, peuvent être complétées par de nouveaux logements, comme cela est en cours à la cité Parc de Marcinelle ou aux Closières à Mont-sur-Marchienne, et le sera bientôt dans le quartier de la Broucheterre, qui accueillera à la fois le siège de la société de logement public, des logements, une nouvelle place et des infrastructures de loisirs. La reconversion des zones industrielles désaffectées offre, quant à elle, l'opportunité de penser de nouveaux parcs économiques. Sur les sites de Carsid et Caterpillar, on peut à la fois valoriser des infrastructures existantes, préserver du patrimoine et renforcer la présence de la nature et des voies de mobilité douce.

D'autres interventions prennent place, dans tous les recoins du territoire carolo, à une échelle moyenne. Il s'agit ici de restaurer des quartiers très abîmés, comme le centre de Gosselies et de Marchienne ou la Docherie, en y rénovant massivement des logements et des petits commerces, et en y réparant les voiries et les espaces publics. Là où la densité de population le permet, de tels projets sont l'occasion de renforcer la centralité des places principales. La place Destrée à Gilly, par exemple, accueille une maison communale, un hôtel de police, deux écoles, une bibliothèque, un centre culturel, des infrastructures sportives, du logement et du commerce, et pourtant elle apparaît comme une place vide, dénuée de toute vie. Cela est dû au fait que le parking dispersé monopolise l'espace public, mais aussi au fait que chacun vit « sur son derrière » comme on dit à Charleroi : au lieu de s'ouvrir sur la place et d'y brasser leurs publics, toutes ces institutions lui tournent le dos, la réduisant au statut de place servante. Le projet dégagé au terme du concours international Europan va permettre à la fois de requalifier l'espace public et d'ouvrir tous ces lieux les uns sur les autres. Des opérations du même type seront menées sur les places principales de Gosselies, Marchienne, Dampremy, Montignies-sur-Sambre…

Enfin, les interventions de petite échelle doivent être préparées avec beaucoup de soin parce qu'elles ont un effet de levier remarquable sur leur environnement immédiat. Un vaste programme d'équipements des parcs en jeux pour enfants est en cours. Les projets de lieux de vie pour les jeunes à la cité du Rambulant à Gilly ou à Dampremy, conçus avec les habitants et soutenus par des budgets participatifs, permettent de répondre aux attentes les plus immédiates des citoyens et de recréer du lien social. L'installation d'une nouvelle maison de jeunes à Monceau, et demain à Montignies-sur-Sambre, Roux et Dampremy, s'inscrit dans la même logique. Dans le centre de Charleroi, la petite rue du Laboratoire, située entre deux écoles, a été libérée de la circulation et transformée en « rue de jeux », dans un projet conçu avec les enfants, les enseignants et des artistes. Là où naguère les automobilistes garés en double file s'énervaient les uns sur les autres, les parents, enfants et enseignants bavardent et jouent aujourd'hui avant et après les cours. Au bord de la place centrale de Marcinelle, des bancs abandonnés ont été transformés en un petit square paisible et coloré, grâce à l'action de la maison de jeunes et des riverains. La quinzaine de jardins partagés qui émaillent le territoire, et dont le nombre aura bientôt doublé, constituent autant de lieux de rencontres, d'échanges et de découvertes de la nature. Les conseils de participation, installés dans les cinq districts, savent désormais que leurs idées pour améliorer la vitalité de leurs quartiers, pensées et portées par les citoyens, peuvent être soutenues par des budgets participatifs. Des grands projets métropolitains aux petites interventions locales, la transformation de la ville est bel et bien entamée, et elle se prolongera d'autant plus que les citoyens se l'approprieront.

Jour 9	Gare de Charleroi
	Lodelinsart
	Goutroux

Jeudi 23 novembre

À Lodelinsart, chez les Climbias.

Sous la pluie battante, les vestes percent et nous hésitons à continuer à vélo. Axel, en distingué membre de la Pédale marcinelloise, qui a plus d'un tour dans son sac de photographe, pousse la porte du Point Vélo de la gare du Sud pour nous y abriter. Trop discret, le local s'intercale entre le parking cycliste pour navetteurs et l'esplanade. Des dizaines de vélos occupent une grande partie de l'espace qui se complète d'un atelier de réparation et d'un bureau. Rangées comme des livres dans une bibliothèque, des pièces détachées sont prêtes à être utilisées. Emmanuelle, l'animatrice de ce service qui est une des facettes de Brillo, association basée à Auvelais, nous informe du mode d'emploi du lieu. Ouvert en semaine, de 10 à 18 h, le Point Vélo récupère, retape, recycle et vend des bécanes à prix cassés. L'atelier effectue des réparations et loue des vélos, classiques ou électriques : 3 euros pour un vélo de ville, une journée.

Comme la drache se mue en torrent et qu'à Lodelinsart les Climbias patientent, nous partons en auto à la Ruche Verrière. Les vélos, on les récupérera plus tard. Construite par un syndicat de patrons verriers, la Ruche Verrière date de l'époque où la commune comptait cinquante usines. En 1893, dans cette mouvance, des amis attachés à leur coin de terre, amateurs de théâtre, fondèrent un groupe philantropique et folklorique dont le nom se réfère au « climbia ». Ce petit objet de bois est destiné à séparer les deux extrémités d'une feuille de verre. L'année suivante, ces joyeux drilles organisèrent un premier bal masqué. Ce fut le début d'une légende qui, toujours, se tisse. Au nombre de 13, les Climbias consacrent les bénéfices de leurs festivités au soutien de familles traversant des passes difficiles. À Charleroi, leur bal, organisé le samedi suivant le Mardi gras, s'inscrit dans la tradition carnavalesque. En 1926, les compères portant un original couvre-chef de feutre rouge et l'habit de soie des gentlemen apparurent dans le cortège où ils maintiennent toujours leur présence. C'était un moyen d'attirer du monde.

Murphy, le cadet de la belle équipe, raconte cette histoire avec force détails. Il a mis de l'ordre dans les archives qui comptent au moins 6 000 pièces écrites, comptes rendus de réunions, lettres, articles de presse, photos et autres témoignages dont la réplique du costume de Climbia offert à Manneken-Pis. Autour de la table qui trône au centre du local calfeutré dans la Ruche Verrière, les membres de la société

Entre les deux bals, pour se reposer, les Climbias se restaurent
d'une tête de veau avant de chanter « Lolotte ».

évoquent les grandes figures de Lodelinsart, dont le président Noël Bertaux. Aux murs, les tableaux offerts par le peintre Fernand Verhaegen permettent d'imaginer ce que furent les bals du XXe siècle, avec les costumes de toutes les époques, les couples en grande tenue qui tournent sous les lustres et les bouchons qui sautent, rythmant la liesse générale. Le bal comporte deux temps. D'abord, celui des enfants, puis le « grand », qui se prolonge tard dans la nuit. Au milieu de ce tourbillon, le concours de costumes fait toujours monter la fièvre, avec ses lots qui en valent la chandelle. En digne président, Michel se souvient encore des éditions de la grande époque où se bousculaient jusqu'à 3 000 danseurs. La salle ne désemplissait pas. Dans les bistrots ceinturant la place, les participants passaient et repassaient, au rythme des tournées. « La société a été reconnue par la Communauté française en tant que patrimoine universel », avance Murphy, qui détaille en guide inspiré les affiches imprimées à Cincinnati, les drapeaux et autres souvenirs – poteries, cloche du président, photographies – qui remplissent la petite pièce où s'expose un pan de l'histoire de Charleroi. Entre les deux bals, pour se reposer, les Climbias se restaurent d'une tête de veau avant de chanter « Lolotte ».

La balade se poursuit en direction de Goutroux, la plus petite commune de Charleroi. Et la plus boisée. Chaussée de Bruxelles, à Bon Air, le vaisseau de l'hôpital civil Marie Curie a remodelé le paysage. Pendant la traversée de Jumet, on fait un détour au parc Bivort. Il porte le patronyme du gentilhomme verrier qui érigea un château au cœur d'un site couvrant

12 hectares. Le manoir a été démoli voici quelques années sans altérer le charme de ce parc à l'anglaise, préservé grâce aux jardiniers de la Région wallonne. Des arbres rares ponctuent des pelouses soignées nervurées de chemins où filent des joggeurs, jouent des gosses, où des parents emmènent les enfants et où se cachent des amoureux. En ce temps d'automne, on se croirait dans le Kent ou le Sussex, quand les chênes déploient leurs branches enluminées de feuilles d'or.

Les gens sont le soleil du Pays noir.

Recoupant nos traces de septembre et octobre, voici Jumet-Heigne et la descente sur Roux. Le tracé du RAVeL frôle Goutroux pour filer sur Fontaine-l'Évêque. Avec Marchienne et Charleroi en arrière-plan, vue du 80, rue de la Bretagne, la vallée de la Sambre est un pointillé de lumières. Bruna nous accueille dans la maison construite par son défunt époux Leonardo. Il quitta la Vénétie en 1955 pour trouver du boulot à Charleroi. Devenu sidérurgiste, il travailla à la Providence et à la Fabrique de fer. Cet homme pilota longtemps une grue pour charger les péniches à Marcinelle, en face du Rockerill, avant d'être affecté à la coulée.

La maison respire l'Italie du Nord. Dans les vitrines du salon, la belle vaisselle espère les prochains rendez-vous familiaux. À 80 ans, Bruna se souvient comme si c'était hier de son voyage vers Charleroi où elle débarqua le 31 décembre 1958 pour retrouver son Leonardo. Sa ville natale, Valdagno,

30 000 âmes, entre les montagnes et Venise, est une ancienne cité lainière reconvertie dans les nouvelles technologies. Elle n'a jamais quitté Goutroux. « J'avais trois valises et laissais derrière moi une grande famille de six frères et sœurs. Je suis la seule qui ai émigré et je ne regrette rien, car mon mari, je l'aimais par-dessus tout. La famille m'a toujours manqué. Aujourd'hui, je prends l'avion à Gosselies et fais le voyage le plus souvent possible. »

Entre des tableaux de scènes champêtres, un portrait en noir et blanc exprime la cohésion de ce jeune couple en habits de noce. Ils ont eu deux enfants, un fils et une fille. Ils ont réussi dans la vie, habitent dans les environs, le cercle familial est solide. Bruna prépare la pasta pour les siens le jeudi soir et un dimanche sur deux. Maintenant que le bus ne relie plus directement son quartier au centre de la ville, elle s'y rend moins souvent. Du temps de leur jeunesse, Leonardo l'emmenait sur sa moto. Ils allaient flâner au marché le dimanche, aimaient le cinéma et se promener dans les rues pleines de monde.

Alors que Bruna verse la bière dans les verres et rassemble ses souvenirs, la porte du jardin s'ouvre sur une jeune femme en tenue de jogging. « Ma petite-fille Justine vient dire bonsoir. » À 22 ans, elle termine son baccalauréat en diététique au Ceria, à Bruxelles. Quand Bruna évoque le Goutroux d'avant la mine qui a fermé, quand les boutiques étaient plus nombreuses qu'aujourd'hui, Justine confie apprécier de vivre ici. Si elle se plaît à Bruxelles, c'est à Charleroi, sa ville, qu'elle cherchera d'abord un emploi. Si elle ne trouve pas, elle s'en

La vigne finira bien par repousser dans le jardin de Bruna.

ira voir plus loin. En attendant, Justine savoure les repas de sa nonna. Bruna transmet à sa petite-fille son art de vivre et la manière de préparer les gnocchis, toute la subtilité qui s'exprime dans la manière de couper les pommes de terre, de les réduire en purée pour en faire des boules de pâte liées à la farine et aux jaunes d'œufs. Autour des plats de la Vénétie, le clan renoue avec ses racines. Deux femmes, deux époques, et pourtant la même sensibilité et cette façon de parler, franche avec cette légère retenue, civilité résultant d'une éducation bienveillante.

« En neuf ans, ici à Goutroux, ce sont quatre maisons qui ont été construites par les frères et cousins, nous avons toujours été soudés », dit Bruna. Les fondations furent creusées à la pioche et les terres transportées à la brouette. Le vestibule revêtu de marbre et l'escalier aux ajustements d'ébéniste illustrent le travailleur que fut Leonardo. Il aimait le jardin, les fleurs, les légumes et la vigne. Elle s'est éteinte après lui, avec ces grappes de raisin prodigues d'un vin qui toujours fut partagé. La vigne finira bien par repousser dans le jardin de Bruna. Les gens sont le soleil du Pays noir.

Achevé d'imprimer en mars 2018 sur les presses de l'imprimerie V.D. (Temse)